ORGANIZADOR **PEDRO BUTCHER**
PESQUISA **FLAVIA MATTAR**

RIO EU TE AMO CITIES OF LOVE

11 diretores em ação

ANDRUCHA **WADDINGTON**
PAOLO **SORRENTINO**
FERNANDO **MEIRELLES**
STEPHAN **ELLIOT**
JOHN **TURTURRO**
GUILLERMO **ARRIAGA**
SANG-SOO **IM**
CARLOS **SALDANHA**
JOSÉ **PADILHA**
NADINE **LABAKI**
VICENTE **AMORIM**

GRYPHUS

Rio de Janeiro

© 2015 Conspiração Filmes, Empyrean Pictures e BossaNovaFilms

Editoração Eletrônica
Rejane Megale

Revisão
Vera Villar
Gilson B. Soares

Design de capa e caderno de fotos
Axel Sande (www.gabinetedeartes.com.br)

Fotos do encarte
Dan Behr/Gui Maia

Adequado ao novo acordo ortográfico da língua portuguesa

CIP-BRASIL. CATALOGAÇÃO-NA-FONTE
SINDICATO NACIONAL DOS EDITORES DE LIVROS, RJ
....

B989r

Butcher, Pedro
    Rio, eu te amo : 11 diretores em ação / Pedro Butcher. - 1. ed. - Rio de Janeiro : Gryphus, 2015.
    206 p. : il.

    ISBN 978-85-8311-040-8

    1. Redação de textos para cinema. 2. Roteiro cinematográfico - Técnica. I. Mattar, Flavia. II. Título.

15-21531   CDD: 808.02
                                                           CDU: 808.1
....

GRYPHUS EDITORA
Rua Major Rubens Vaz 456 — Gávea — 22470-070
Rio de Janeiro — RJ — Tel.: (0XX21) 2533-2508 / 2533-0952
www.gryphus.com.br — e-mail: gryphus@gryphus.com.br

SUMÁRIO

Apresentação... VII
Rio, eu te amo 1
Origens 2
O movimento #RIOEUTEAMO........................ 4
A escalação 8
A produção 12
O programa Novos Diretores 14
Sobre *Cities of Love* 16

Dona Fulana, de Andrucha Waddington 25
La fortuna, de Paolo Sorrentino........................ 41
A musa, de Fernando Meirelles......................... 55
Acho que estou apaixonado, de Stephan Elliot 71
Quando não há mais amor, de John Turturro.............. 85
Texas, de Guillermo Arriaga........................... 103
O vampiro do Rio, de Sang-Soo Im...................... 121

Pas de deux, de Carlos Saldanha....................... 137
Inútil paisagem, de José Padilha....................... 151
O milagre, de Nadine Labaki 167
Transições, de Vicente Amorim........................ 181

APRESENTAÇÃO

Varietas delectat. A variedade apraz. Poucas expressões se aplicariam melhor a um filme. Em *Rio, eu te amo*, o caráter de obra colaborativa, que é uma das características mais significativas do cinema, foi elevado à máxima potência. Onze diretores, duas dezenas de atores principais, variados roteiristas, assistentes de direção, diretores de fotografia e editores, além de uma enorme equipe técnica, integram este projeto, filmado entre agosto de 2013 e janeiro de 2014. Uma de nossas lembranças mais intensas deste trabalho é exatamente a da convivência com esta multiplicidade de talentos artísticos e técnicos.

A ênfase no aspecto colaborativo é também uma das marcas dos filmes da franquia internacional cinematográfica *Cities of Love* criada pelo produtor e diretor francês Emmanuel Benbihy: a criação e utilização de cenas de transição com os personagens dos segmentos dirigidos individualmente pelos diretores convidados produz uma obra audiovisual que flui sem interrupções e, por isso, seria até equivocado falar em um "filme de episódios" ou uma "coletânea de curtas". O filme resultante é uma obra que possui integração e integralidade.

Mas esta experiência colaborativa não se expressa apenas no resultado final para o espectador. Ela se deu, e com enorme intensidade, no próprio "fazer" da obra, no seu realizar: na convivência e interação entre os diretores, atores, editores etc. A experiência de produzir um filme como *Rio, eu te amo* foi, neste sentido, muito especial para todos nós: este trabalho coletivo foi, sobretudo, uma grande convivência multicultural.

Nosso *set* reuniu diretores de 5 continentes, uma enorme variedade geográfica com cada um trazendo sua própria visão de uma história sobre o tema do amor passada no Rio de Janeiro, seja este real ou imaginário. No *set* podia-se ouvir, além do português, o inglês, o francês, o árabe, o italiano, o coreano e o espanhol.

É exatamente esta variedade que está plenamente expressa na obra. Poucas vezes – ou talvez nunca – um filme no Rio de Janeiro reuniu tantas celebridades: o grupo de talentos artísticos nacionais e internacionais reunidos em *Rio, eu te amo* inclui 7 indicados ao Oscar, 5 concorrentes à Palma de Ouro de Cannes e 4 ganhadores de prêmios no Festival de Berlim. O resultado final é uma obra para vários gostos, para várias idades, para as plateias de qualquer país.

Este livro, organizado pelo jornalista Pedro Butcher e com pesquisa de Flávia Mattar, é focado no trabalho dos diretores de *Rio, eu te amo*: seus métodos, suas linguagens, suas visões de mundo, seus pensamentos, enfim, sua arte e maneira de realizar. Por tudo isso, acreditamos que ele proporcionará uma ótima e rica leitura para todos aqueles que amam, pensam, estudam e, sobretudo, fazem cinema.

Mas há mais: durante seu trabalho em *Rio, eu te amo* cada diretor foi acompanhado por um(a) jovem cineasta, como parte de um projeto de formação de novos realizadores. A ideia era exatamente permitir que jovens pudessem se beneficiar da experiência de acompanhar um diretor consagrado em seu processo de realização. Não como estagiário mas, sim, precisamente, como observador privilegiado. Algumas destas ricas experiências estão aqui, narradas pelos próprios jovens diretores participantes.

Além disso, o projeto *Rio, eu te amo* inovou em muitos aspectos, inclusive no que diz respeito ao uso das redes sociais em associação com a realização e o lançamento de um filme, bem como com a realização de ações que trouxeram benefícios reais concretos para muitas pessoas. Estas experiências e novidades são também abordadas aqui. Uma entrevista com o criador da franquia *Cities of Love* completa este trabalho.

Rio, eu te amo foi verdadeiramente um trabalho de equipe, em absolutamente todos os seus aspectos. A cada membro do enorme time que realizou esta obra e tudo à sua volta, dedicamos este livro, com nossa sincera gratidão. Agradecemos também, muito especialmente, às empresas parceiras que a patrocinaram, coproduziram e distribuem.

Todo filme, como qualquer obra de arte, é sempre um legado ao tempo: independente de seus próprios méritos, todos são eternos, cada qual à sua maneira.

À medida que o tempo nos afasta da produção da obra e a vemos sendo lançada nos mais diversos países do mundo, não podemos deixar de lembrar aqueles momentos vividos durante sua realização, do privilégio da convivência com estes grandes diretores e artistas, e do fato inexorável de que este filme, agora feito, nos superará no tempo, pois este é o destino de toda obra artística... *Ars longa... vita brevis...*

Boa leitura!

Os Produtores

Terceiro longa-metragem da franquia cinematográfica *Cities of Love* criada pelo produtor francês Emmanuel Benbihy, *Rio, eu te amo* é uma celebração do amor na cidade do Rio de Janeiro na visão de alguns dos mais importantes diretores do cinema mundial contemporâneo. Uma obra coletiva, em forma de um caleidoscópio cinematográfico capaz de refletir a diversidade humana e física da cidade, o filme conta histórias de amores passageiros, eternos, em crise, amargos ou repletos de ternura.

ORIGENS

As primeiras conversas para a realização de *Rio, eu te amo* ocorreram quando o primeiro filme da série foi lançado, na abertura da mostra Um Certo Olhar do Festival de Cannes, em maio de 2006.

Na ocasião, o produtor americano Joshua Skurla, um apaixonado pelo Rio, conheceu Emmanuel Benbihy, idealizador e produtor do projeto, e mencionou a vontade de trazer o projeto para a cidade. A ideia foi recebida com entusiasmo: "O Rio sempre esteve no topo da lista do projeto *Cities of Love*. É uma cidade carregada de romantismo e sensualidade, que faz as pessoas sonharem", diz Benbihy.

Dois anos depois, quando *Nova York, eu te amo* estava sendo concluído, Joshua Skurla voltou ao assunto, agora mais formalmente, determinado a levar o projeto adiante. Skurla se encantou pelo Rio de Janeiro ao participar de um programa de intercâmbio da PUC, em 2002, e desde 2006 divide-se entre os Estados Unidos e a cidade. "O Rio roubou meu coração e será parte da minha vida para sempre."

Joshua associou-se ao brasileiro Dan Klabin e fundou a Empyrean Pictures. Logo se juntaram à BossaNovaFilms e, mais tarde, à Conspiração Filmes. "O projeto foi muito coletivo", diz Dan Klabin. "Todas as partes colaboraram e foram essenciais em alguma etapa. Durante a negociação para a aquisição dos direitos, por exemplo, a BossaNova foi muito corajosa ao investir recursos próprios, em parceria conosco. Depois, a Conspiração entrou para amarrar as pontas e trouxe o peso necessário para o projeto decolar."

Organizar a produção de um longa-metragem com tais características e dimensões representou um novo desafio para a equipe da Conspiração Filmes. "Esse filme trouxe uma complexidade como nenhum outro produzido por nós. Afinal, foram várias histórias realizadas por vários diretores, diversos roteiristas, diretores de fotografia, editores e mais as transições, que contaram com um time criativo à parte", atesta o produtor Pedro Buarque de Hollanda, da Conspiração.

Um dos aspectos mais complexos foi estruturar a engenharia financeira para a viabilização do longa-metragem. "Esse é um projeto de US$ 10 milhões, com um padrão rigoroso que precisa ser seguido, o que torna impossível, logisticamente, custar menos do que isso. Exclusivamente por meio das leis de incentivo fiscal brasileiras, cujo teto de arrecadação é de R$ 7 milhões, não conseguiríamos chegar a essa cifra", diz Pedro Buarque. O que seria um problema, no entanto, se transformou em uma grande oportunidade – como explica Edu Tibiriçá, da BossaNova: "A ideia era transformar o que seria apenas a produção de um filme em um projeto de comunicação muito mais amplo, que pudesse ser atraente para potenciais patrocinadores."

"Quando fomos convidados a participar desse *pool* de produtores, aceitamos de imediato", continua Edu. "Um filme assinado por diversos diretores de prestígio internacional, que tem o amor como mote da narrativa e uma cidade-ícone como cenário já é, por si só, um formato inteligente, que justificaria nossa participação. Mas, além disso, o projeto nos proporcionou o desenvolvimento de um modelo de negócios extremamente inovador."

O MOVIMENTO #RIOEUTEAMO

A ponta de lança desse modelo foi o movimento #RIOEUTEAMO, uma comunidade focada em ações de valorização e de amor à cidade, ancorada na internet (uma página no Facebook, um canal no YouTube e o *site* www.rioeuteamo.net), mas que também tomou as ruas.

"Cada filme da franquia representou um novo passo para o amadurecimento do projeto", conta Emmanuel Benbihy. "*Paris, te amo* mostrou que filmes coletivos podem ser poderosos e comercialmente viáveis; *Nova York, eu te amo* nos deu a oportunidade de racionalizar o formato para licenciá-lo ao redor do mundo; e, com o Rio, e com *Rio*, nós progredimos imensamente em relação ao *marketing* desses filmes como veículos de um propósito social maior. Hoje, nós estamos muito melhor equipados para construir plataformas socioculturais nas cidades."

"O movimento #RIOEUTEAMO foi, de fato, uma importante inovação do projeto brasileiro", confirma o produtor Leonardo Monteiro de Barros, da Conspiração. "Com ele conseguimos o alcance necessário para que as empresas investissem recursos de *marketing* e conseguimos colocar de pé a estrutura econômica do filme."

Para Edu Tibiriçá, da BossaNova, a comunidade de fãs declarando seu amor ao Rio de Janeiro teria força própria como um projeto autônomo. "Mas, colada ao longa-metragem, com tantas celebridades envolvidas, tudo se potencializa, multiplicando as possibilidades de exposição das marcas. Acredito que *Rio, Eu Te Amo* será um marco como modelo de negócio não só para cinema, mas para projetos de comunicação audiovisual como um todo."

Com a *tagline* "Um movimento de amor à cidade que vai virar filme", o movimento #RIOEUTEAMO chegou à internet e às redes sociais em setembro de 2012, um ano antes das filmagens e dois anos antes do lançamento do filme.

"Começamos com a ideia de realizar pequenas ações de amor ao Rio de Janeiro que conectassem as pessoas ao filme, mas a resposta surpreendeu e fomos muito além", conta o coordenador do movimento, Mário Raposo, gerente de projetos da Conspiração. "Desde o início, a iniciativa se revelou um grande sucesso. Procuramos algumas pessoas, mas, rapidamente, também começamos a ser procurados por artistas e empreendedores querendo fazer parte dessa conexão. Criamos várias ações e conteúdos, em diversas áreas – artes, esportes, ações sociais, culinária –, e fomos juntando essas ideias debaixo de um grande guarda-chuva, o movimento #RIOEUTEAMO."

A principal plataforma é o Facebook, onde a página do movimento contava no início de 2015 com mais de 1,3 milhão de seguidores. Os vídeos são lançados no YouTube e replicados no Twitter, no Instagram e no próprio Facebook, enquanto o *site* oficial Rioeuteamo.net concentra todo o conteúdo produzido.

Uma das ideias era revelar histórias pouco conhecidas que mostrem o amor das pessoas pela cidade. "Contratamos um jornalista que se dedica exclusivamente ao projeto", lembra Mário Raposo. Entre essas histórias, por exemplo, está a de um francês que se apaixonou pela cidade e abriu um *hostel* em Ipanema. Há também a trajetória da ONG Tem Quem Queira, que recicla materiais de lona e PVC e trabalha a ressocialização de ex-presidiários. Também foram estabelecidas parcerias para ações específicas. Para o aplicativo de moda Du Jour, por exemplo, foi criada a campanha "Doe o seu *look* do dia", em que atrizes postavam uma foto por dia em seu Instagram pessoal, chamando para um bazar cujo lucro foi revertido para o Retiro dos Artistas. Também foi feita uma parceria com o pessoal da Batalha do Passinho, que participou de um *flash mob* e rendeu milhões de visualizações. Uma oficina de pipas no complexo do Alemão reuniu mais de 300 crianças – entre muitos outros exemplos.

A ESCALAÇÃO

A maior parte dos recursos financeiros necessários foi obtida junto a patrocinadores privados como O Boticário (patrocinador-master), Nextel, Santander, Unilever, Fiat e Brasil-Kirin. O projeto recebeu também recursos de incentivos fiscais aportados por meio da Lei do ICMS do Estado do Rio de Janeiro e dos Artigos 1º e 3º da Lei do Audiovisual, este último aportado pela Warner Bros, coprodutora e distribuidora do filme no Brasil e na América Latina. Por sua vez, a RioFilme, apoiadora de primeira hora do projeto, investiu recursos próprios, tornando-se sua coprodutora.

Com o movimento na rua e a estrutura financeira de pé, o passo seguinte foi escalar o time de diretores do longa-metragem. "Procuramos montar o grupo mais diversificado possível: uns são brasileiros, outros têm uma longa relação com o Rio, e aqueles que nunca estiveram no Brasil. Em todos os casos, no entanto, passaram a amar ainda mais a cidade", conta Joshua Skurla.

A diversidade regional foi um critério importante. O conjunto traz dez diretores de sete nacionalidades, representando quase todos os continentes do globo. Todos acumulam prêmios de peso e passagens pelos mais importantes festivais de cinema do mundo, encontrando-se no auge de sua potência criativa e em momento de prestígio internacional.

O italiano Paolo Sorrentino, por exemplo, esteve quatro vezes em competição no Festival de Cannes e, em março de 2014, ganhou o Oscar de melhor filme estrangeiro por *A grande beleza* (2013). O australiano Stephan Elliot também emplacou três filmes na seleção oficial de Cannes, com destaque para o cultuado *Priscilla, a rainha do deserto* (1994). O americano John Turturro recebeu o prêmio de melhor ator em Cannes por *Barton Fink* (1991), dos irmãos Coen, em 1991, e, no ano seguinte, levou a Camera D'Or (prêmio dado ao melhor filme de um diretor estreante) por seu primeiro longa-metragem, *Mac* (1992).

O mexicano Guillermo Arriaga, vencedor do prêmio de melhor roteiro em Cannes por *Três enterros* (2005), foi indicado ao Oscar de melhor roteiro original por *Babel* (2007) e competiu no Festival de Veneza com seu primeiro longa-metragem como diretor, *Vidas que se cruzam* (*The Burning Plain*, 2008). O coreano Sang-Soo Im competiu em Cannes duas vezes, com *A criada* (2010) e *O sabor do dinheiro* (2012), e uma em Veneza (*A Good Lawyer's Wife*, 2003). Fechando o time internacional, a libanesa Nadine Labaki teve seus dois primeiros longas exibidos em Cannes – o primeiro (*Caramelo*, 2007), na Quinzena dos Realizadores e, o segundo (*E agora, onde vamos?*, 2011), na mostra Um Certo Olhar.

Os brasileiros escalados para o projeto não ficam atrás. Andrucha Waddington foi selecionado para Cannes com *Eu tu eles* (2000), seu segundo longa de ficção; Carlos Saldanha, animador com carreira de imenso sucesso nos EUA, responsável pelas animações *Rio* e *Rio 2*, foi duas vezes indicado ao Oscar (pelo longa *A era do gelo* (2002) e pelo curta *Gone Nutty* (2002)); Fernando Meirelles* esteve em Cannes duas vezes, com *Cidade de Deus* (2002) e *Ensaio sobre a cegueira* (2008), sendo que *Cidade de Deus* ainda recebeu quatro indicações ao Oscar, incluindo melhor diretor. E José Padilha, autor dos fenômenos de bi-

---

* Fernando Meirelles e Cesar Charlone trabalharam juntos e compartilharam as decisões criativas na pré-produção, filmagens e pós-produção do segmento "A musa". No entanto, pelas regras de créditos do DGA (Directors Guild of America), ao qual este filme está submetido, somente um diretor pode ser creditado em cada segmento.

lheteria *Tropa de Elite 1* (2007) e *2* (2010), ganhou o Urso de Ouro no Festival de Berlim de 2008 por *Tropa de Elite*. A esse time juntaram-se ainda o diretor Vicente Amorim (*Um homem bom* (2008), *Corações sujos* (2011)) e o roteirista Fellipe Barbosa (*Casa grande* (2014)), que assumiram a responsabilidade de criar as transições entre as histórias – um aspecto de imensa importância na visão dos produtores e, sobretudo, do criador da franquia, Emmanuel Benbihy. "Tenho para mim que os filmes da série *Cities of Love* só são relevantes porque criamos um sistema de transições tão importante quanto os segmentos. E a maneira que encontramos para que o modelo funcione foi mantendo uma equipe criativa exclusivamente dedicada às transições."

"Concebemos *Rio, eu te amo* como uma grande rede de afetos, da qual todos as personagens fazem parte", conta Vicente Amorim. "Essa ideia já estava no conceito norteador da franquia, mas, no Rio, foi possível aprofundá-la. Procuramos também criar uma unidade temporal, delimitando um período para mostrar que as personagens de cada segmento vivem suas histórias simultâneas ou em momentos próximos."

Vicente destaca a abertura dos diretores e atores para discutir e aprovar as ideias e os roteiros criados para as transições, que prolongam a vida das personagens e incorporam histórias e personagens específicas (como as interpretadas por Cláudia Abreu e Michel Melamed).

Cada diretor teve o direito de escolher as músicas de seu segmento, o que gerou uma trilha sonora diversificada e original, incluindo canções interpretadas por Chico Buarque e Gilberto Gil, Bebel Gilberto, Teresa Cristina, Pretinho da Serrinha, Luiz Gonzaga, Lauren Thalia, André Abujamra, Cartola, Khaled Mouzannar, Vanessa Paradis e Celso Fonseca – este último também compositor da trilha original do filme. A canção-tema – o samba *Rio, eu te amo* – foi composta e gravada com exclusividade para o filme por Gilberto Gil.

A PRODUÇÃO

A grande diversidade dos talentos envolvidos representou outro desafio para os produtores. "Precisávamos nos ajustar ao estilo e ao jeito de trabalhar de cada diretor. Talvez tenha sido mais fácil para nós brasileiros, porque não é um processo muito cartesiano. Ele demanda imaginação e um grande poder de adaptação, coisas que a equipe brasileira tem de sobra", diz Pedro Buarque de Hollanda.

A produção estruturou-se para filmar dois segmentos por semana. "Num período de seis dias, filmávamos dois segmentos", conta a produtora executiva Eliana Soárez, da Conspiração. "Os dois volumosos manuais de produção da franquia *Cities of Love* (os Production Guidelines) foram amplamente estudados. Os convites para cada diretor já apresentavam as regras do quadro de produção sob o qual o filme seria realizado."

Quando os diretores submetiam seus roteiros, recebiam sugestões de locação compiladas pelos produtores e pelo diretor de arte Daniel Flaksman. Alguns vieram ao Rio para conhecer as locações pré-escolhidas e "bater o martelo" em relação ao elenco. Quando voltaram à cidade, já era para dar início à pré-produção e à filmagem. Outros, que já conheciam a cidade, trabalharam por videoconferências. "O desafio maior foi conciliar as agendas dos diretores e do elenco", completa Eliana.

"*Rio, eu te amo* foi uma incrível oportunidade de ter uma troca criativa com um naipe de cineastas muito diversificado", diz Vicente Amorim. Leonardo M. Barros concorda: "Como produtor, o que achei mais interessante foi a intensidade da troca artística que o projeto proporcionou. A cada mês, às vezes dentro de uma mesma semana, trocávamos de diretores e de visão artística. Isso foi de uma riqueza imensa."

Rio, eu te amo é um filme brasileiro, financiado por recursos levantados no país. A distribuição no Brasil e América Latina é da Warner Bros, e as vendas internacionais estão a cargo da WestEnd Films, de Londres.

SOBRE O PROGRAMA "NOVOS DIRETORES" (THE MENTORSHIP PROGRAM)

Um programa de formação de novos diretores também fez parte da realização de *Rio, eu te amo*: cada diretor foi seguido de perto por um jovem cineasta (ou um estudante de cinema) durante a pré-produção, as filmagens e a pós-produção de seu segmento. Cada um desses jovens realizadores pôde observar de perto a maneira e estilo de trabalhar do seu diretor designado e pôde, desta maneira, se beneficiar diretamente de uma troca criativa única, proporcionada por essa vivência prática.

Esses jovens criadores – vários deles já haviam dirigido seus próprios curtas – não eram estagiários ou *trainees*. O objetivo do programa era deixá-los inteiramente livres para observar, o tempo todo, os diretores em ação.

"O aspecto educacional é uma característica essencial dos projetos da franquia *Cities of Love* e nós, produtores, tínhamos a mesma preocupação de permitir que jovens cineastas se beneficiassem concretamente dos vários estilos artísticos e métodos de trabalho dos diversos diretores de *Rio, eu te amo*. Temos muito orgulho de poder haver realizado este programa – um benefício concreto que o projeto trouxe para diversos jovens cineastas brasileiros – e somos gratos a todos os diretores por terem entusiasticamente apoiado a iniciativa", afirma Leonardo M. Barros, da Conspiração.

SOBRE *CITIES OF LOVE*

Nosso futuro é urbano.

Hoje mais da metade da população mundial já vive em grandes cidades, o que nos próximos anos só irá aumentar.

Mas o crescimento rápido mudou a forma de nos relacionarmos com o meio ambiente e os espaços, e nossas cidades encontram grandes desafios pela frente: meio ambiente, superpopulação, estilos de vida individualistas e competitivos...

Mais do que nunca a forma como encaramos o desenvolvimento de nossos centros urbanos determinará nosso futuro como parte das cidades.

Nós acreditamos que arte e criatividade podem exercer um papel ativo no desenvolvimento urbano se criarmos movimentos que inspirem atos de amor dentro de suas comunidades.

Afinal de contas, se nosso futuro é mesmo urbano, que maneira melhor de se começar a falar sobre urbanismo do que se apaixonar de novo por nossas próprias cidades?

ENTREVISTA / EMMANUEL BENBIHY

Criador da franquia cinematográfica *Cities of Love*

Nascido em Paris, França, em 1969, hoje se divide entre sua cidade natal e Xangai. Após experiências profissionais em Londres, Nova York e Los Angeles, onde teve a oportunidade de aprender o ofício de produtor independente, Emmanuel se especializou no codesenvolvimento das indústrias cinematográficas europeia e asiática e vem se empenhando em fazer cinema a serviço da diversidade cultural e da paz desde 1994. Em 2000, Emmanuel reuniu os principais elementos necessários para o desenvolvimento e produção de "Paris, te amo", e tratou-o como um novo formato em uma diretriz de produção. Todos esses elementos são hoje parte da franquia "Cities of Love", fundada por ele. Simultaneamente, produziu "Abjad", um filme iraniano rodado durante a guerra do Afeganistão, dirigido por Abolfazl Jalili, e selecionado na competição oficial do Festival de Veneza de 2003. "Paris, te amo" abriu o Festival de Cannes de 2006 na mostra Un Certain Regard *e conquistou enorme sucesso internacional. "New*

York, I love you" foi concluído em 2009, e Emmanuel começou a licenciar a franquia "Cities of Love" a produtores estrangeiros no Rio e em Jerusalém. Hoje ele trabalha com dezenas de cidades, mas todos esses empreendimentos tornaram-se muito mais do que longas-metragens: movimentos sociais/culturais sustentáveis estão sendo lançados para espalhar o amor "em" e "para" essas cidades e abraçar os desafios urbanos de hoje. Emmanuel está focado em transformar a iniciativa global de "Cities of Love" em uma rede, sem fins lucrativos, de fundações e organizações sociais, construindo plataformas "Cidade, eu te amo" e produzindo filmes "Cidade, eu te amo" como parte de novos ecossistemas das cidades.

Como o Rio de Janeiro se tornou a terceira cidade da franquia *Cities of Love*?

O Rio sempre esteve no topo da lista. É uma cidade que tem uma relação muito especial com o amor e, assim como Veneza e Viena, por exemplo, faz parte dos destinos que carregam um mito romântico e fazem as pessoas sonharem. O Rio é conhecido pelo amor e a sensualidade, as pessoas são bonitas, o cenário é como um sonho. Além de tudo isso, transmite uma imagem internacional forte, o que para nós é fundamental. Mas há também o fato de termos conseguido encontrar as pessoas certas para viabilizar o projeto. Primeiro veio Joshua Skurla, produtor talentoso e motivado, que já conhecia bem o Rio, e depois entraram a BossaNova e a Conspiração, que só agregaram. Por fim, foi fundamental termos conseguido o apoio incondicional da Prefeitura, por meio da RioFilme.

Quais são as principais orientações e regras do formato *Cities of Love*?

Temos algumas regras e sempre pedimos aos diretores convidados para tentar respeitá-las ao máximo. Queremos histórias de encontros amorosos, de preferência repletas de esperança. Outro elemento chave é que cada segmento deve trazer uma fácil identificação do bairro ou da região em que a história se passa. A duração não pode ser maior do que seis ou sete minutos. Já estamos oferecendo à plateia uma experiência muito especial e fragmentada; se algum segmento for longo demais e desagradar a uma só pessoa da plateia, esse espectador estará perdido, e dificilmente voltará a se engajar na experiência.

O senhor também enfatiza a importância das transições entre os segmentos. Por que elas são importantes?
Não sou um produtor de curtas-metragens, sou um produtor de filmes coletivos. Os filmes da série *Cities of Love* vão além de mera soma de partes. Para mim, esses filmes só são relevantes porque criamos um sistema de transições que os unirá, e a forma que encontramos foi mantendo uma equipe criativa (pelo menos um diretor e um escritor) exclusivamente dedicada à concepção dessas transições. O material deve ser o maior e mais rico possível, porque não há como prever do quanto você precisará no momento da montagem. E só com esse material na mão você pode trabalhar o filme como um conjunto, uma unidade.

Qual o conceito principal da franquia *Cities of Love*?
Esse formato é antes de tudo uma defesa da diversidade cinematográfica. Ele vem do desejo de provar que é possível fazer filmes multiculturais e ainda assim criar uma unidade. É também uma defesa do cinema como uma

ferramenta universal para o entendimento cultural entre nações e cidades. Desde o começo, adotamos compromissos muito fortes em relação aos filmes e ao papel que podem desempenhar em nossas vidas e nas vidas das cidades. Com esse compromisso, concebemos o formato que ficou pronto no começo dos anos 2000 e que começamos a tornar realidade em *Paris, te amo*.

Qual a importância da internet e das redes sociais para o projeto?

Somos usuários da internet desde muito cedo. Esses filmes não teriam saído do papel sem a internet e o correio eletrônico. Seria impossível fazer um filme em Paris, com 24 diretores e 40 atores principais, se não fosse possível conectar-se a eles diretamente, por *e-mail*. Somos realmente um produto dessa nova era das comunicações, e, desde o começo, nos demos conta de que as novas tecnologias afetariam diretamente a natureza e a diversidade do conteúdo. O que está acontecendo agora, com *Cities of Love* tornando-se um empreendimento social, é simplesmente a evolução natural de um formato que tem potencial ilimitado e valores muito sólidos no seu DNA.

Qual a diferença de *Rio, eu te amo* em relação aos dois projetos anteriores?

Paris, te amo mostrou que filmes coletivos podem ser bem mais poderosos do que se imaginava até então; *Nova York, eu te amo* nos deu a oportunidade de racionalizar o formato e criar uma diretriz de produção em que os componentes do filme se tornariam um pacote de uma franquia, que pudesse ser licenciada ao redor do mundo. E agora, com o Rio, fizemos um imenso progresso e estamos pondo em prática o que aprendemos nas experiências anteriores. Hoje estamos muito melhor equipados para construir plataformas sociais/culturais em cidades e nos estruturamos para colocar este objetivo no centro do nosso desenvolvimento. O movimento #RIOEUTEAMO se tornou algo quase autônomo, completamente distinto de uma ferramenta promocional tradicional. Uma reunião de pessoas que querem fazer o bem e compartilhar o amor pela cidade. E funcionou – nos mostrou que a criação de plataformas onde as pessoas pudessem compartilhar seu amor por uma cidade era algo extremamente poderoso e com poder transformador.

Quais as próximas cidades do projeto *Cities of Love*?
Estamos trabalhando ativamente com várias, e menos ativamente com cerca de 30 cidades. Entre elas estão Xangai, Sidney, Mumbai, Taipei, Cidade do México, Tóquio, Londres, Berlim, Jerusalém, São Petersburgo, Nova Orleans, Vancouver, Roma e Lagos, na Nigéria. Estamos trabalhando com várias cidades diferentes, e em cada uma temos um time de profissionais que desenvolve o movimento localmente. É uma conjunção de fatores: encontrar a cidade, as pessoas certas, e depois conseguir a viabilidade do projeto. Nesse aspecto, *Rio, eu te amo* já era um sucesso antes mesmo da estreia do filme, pois o movimento já havia criado uma corrente de grande visibilidade, que realmente transcendeu o longa-metragem.

DONA FULANA

Diretor: Andrucha Waddington
Com Fernanda Montenegro, Eduardo Sterblitch

Dona Fulana mora na rua e na rua quer ficar. Ela nem dá ouvidos aos apelos de seu neto Leandro, que só a conheceu quando criança e acreditava que a avó tinha morrido, até vê-la na rua. Leandro tenta, em vão, convencê-la a voltar para casa, mas é Dona Fulana quem o conduz por uma jornada libertadora pelo Rio de Janeiro.

ANDRUCHA WADDINGTON

A primeira experiência profissional de Andrucha Waddington em um *set* de filmagem aconteceu aos 19 anos, como estagiário de direção de Carlos Diegues no filme *Dias melhores virão*. O filme foi lançado em 1990, em meio àquela que, possivelmente, foi a maior crise institucional da história do cinema brasileiro. Em um de seus primeiros atos como presidente, Fernando Collor de Mello extinguiu, em nome da moralidade e do enxugamento do Estado, duas instituições que eram pilares da produção cinematográfica – a Embrafilme e o Concine. Sem qualquer política substitutiva, a produção nacional viu-se reduzida a praticamente zero. Só começaria a se recuperar cinco anos depois.

A geração de Andrucha nasceu sob esse baque, mas nem por isso deixou de criar e trabalhar. Por sorte, o Brasil vivia um momento bastante especial na publicidade, e a chegada da MTV ao país, em 1990, impulsionou a realização de centenas de videoclipes. Andrucha tornou-se sócio da Conspiração Filmes em 1995, afirmando-se rapidamente como um dos principais diretores de comerciais e clipes da companhia, muitos deles premiados no Brasil e no exterior.

Mas o cinema sempre esteve no horizonte de Andrucha e de seus colegas da Conspiração. O primeiro projeto cinematográfico da Conspiração foi o longa-metragem em episódios *Traição*, com histórias inspiradas em contos de Nelson Rodrigues. Em seu formato inicial, seriam quatro episódios: *Cachorro!*, de José Henrique Fonseca, *O primeiro pecado*, de Arthur Fontes, *Diabólica*, de Claudio Torres, e *Gêmeas*, de Andrucha. Mas *Gêmeas* tinha potencial para se tornar um longa-metragem à parte, e por isso foi lançado separadamente, em 1999, um ano depois de *Traição*.

Por conta disso, Andrucha acabou lançando dois longas quase em sequência. Logo depois de *Gêmeas*, dirigiu a comédia dramática *Eu tu eles*, um roteiro inspirado na história real de uma mulher do sertão nordestino que vivia com três homens. Estrelado por Regina Casé, Lima Duarte, Stênio Garcia e Luiz Carlos Vasconcelos, o filme foi selecionado para a mostra Um Certo Olhar do Festival de Cannes (2000) e teve uma excelente acolhida, recebendo uma menção especial do júri. *Eu tu eles* correu o mundo e conquistou dezenas de prêmios, entre eles os de melhor filme nos festivais de Karlovy Vary, na República Tcheca, Havana, em Cuba, e Cartagena, na Colômbia. A partir daí, Andrucha se tornaria um dos mais ativos diretores da produção audiovisual brasileira recente, dirigindo filmes de ficção, documentários, especiais musicais, videoclipes e filmes publicitários.

Andrucha firmou uma parceria notória com Gilberto Gil, para quem dirigiu vários documentários e especiais. Acompanhou, por exemplo, a turnê que o cantor fez pelo Nordeste em homenagem a Luiz Gonzaga, durante a época das festas de São João, eternizada no documentário *Viva São João!*, lançado nos cinemas em 2002.

Em 2005, dirigiu Fernanda Montenegro e Fernanda Torres no drama *Casa de areia*, filmado nos cenários espetaculares dos Lençóis Maranhenses; em 2010, lançou a coprodução entre Brasil e Espanha *Lope*, drama épico sobre a história do dramaturgo e poeta espanhol Lope de Vega, que viveu de 1562 a 1635; e em 2012 estreou a comédia *Os penetras*, com Marcelo Adnet e Eduardo Sterblitch, que se tornou um dos maiores sucessos de público daquele ano no Brasil, com mais de 2,5 milhões de ingressos vendidos. Não por acaso, Andrucha tem entre seus cineastas favoritos Stanley Kubrick, um diretor que transitou, com sucesso, por vários gêneros.

Nos intervalos entre um longa de ficção e outro, Andrucha realizou documentários musicais lançados no cinema ou na televisão, como *Gilberto Gil – Tempo rei*, *Os Paralamas do Sucesso – Longo caminho*, *Outros (Doces) Bárbaros* e *Maria Bethânia – Pedrinha de aruanda*, além de centenas de videoclipes – com destaque para os que fez para a banda Paralamas do Sucesso: *Ela disse adeus*, *Uma brasileira*, *Loirinha bombril*, e *Busca vida*.

Em seu segmento do filme *Rio, eu te amo*, Andrucha reúne Fernanda Montenegro e Eduardo Sterblitch para contar a história de uma mulher que vive nas ruas do Rio de Janeiro por opção própria.

ENTREVISTA

Como você entrou no projeto e como escolheu o tema de seu segmento?

Fui convidado pelo time de produtores. Foi uma grande honra participar desse projeto, tão cheio de desafios. Para contar uma história em oito minutos, você precisa de um grande poder de síntese. Optei por um tema que havia pensado originalmente para um longa-metragem: a história de uma pessoa que virou moradora de rua por vontade própria. O filme conta um dia na vida de Dona Fulana, a partir do momento em que seu neto a encontra. Ele achava que a avó estava morta, fica chocado e tenta convencê-la a voltar para casa. O roteiro de Maurício Zacharias partiu de uma pesquisa bastante extensa, em que mais de cem moradores de rua foram entrevistados, e concluímos que nem todo mendigo está na rua por falta de opção. Ao contrário, a grande maioria vive na rua porque gosta, por se sentir livre. Muitos tiveram a chance de voltar para casa, tentaram se reinserir, mas não quiseram. Maurício recorreu muito a essa pesquisa, fundamental para que pudéssemos falar com propriedade desse universo.

Como se deu a escalação do elenco?

Dona Fulana é interpretada por Fernanda Montenegro, que compôs a personagem de forma muito interessante, sem preconceitos, com muita firmeza em suas posições. Ela mora na rua porque quer, é feliz assim. Eduardo Sterblitch, com quem já tinha trabalhado em *Os penetras*, faz o neto que a encontra. Eduardo estourou como humorista do *Pânico*, mas tem formação de teatro e é excelente ator. Em *Os penetras*, vi nele qualidades muito poderosas de um ator dramático. E a combinação dele com Fernanda Montenegro foi superinteressante. É uma das maiores atrizes do mundo, realmente é um luxo ter Fernanda como companheira de trabalho. Ela de fato incorporou essa mulher que abandonou a casa cinco anos antes, porque não aguentava mais aquela família. E Eduardo atuou de maneira muito econômica. Construiu uma personagem tímida, certinha, que fica estarrecida quando encontra a avó naquela situação. No fim, ela desmonta o estarrecimento dele e o convence de que é feliz na rua.

Há também muitas participações especiais...

Sim, temos Stepan Nercessian, Regina Casé, Hugo Carvana, figuras bastante cariocas que trazem um colorido importante para o filme. A personagem de Regina Casé, por exemplo, é uma moradora de rua profissional. Ela tem casa, mas aluga uma criança para pedir dinheiro na rua.

A história se passa no Centro e na Floresta da Tijuca. Como se deu essa escolha?

Escolhemos as locações procurando fazer um retrato instantâneo, rápido, do que é o Rio de Janeiro, mostrando o contraste entre o Centro, urbano, inóspito, onde vive essa moradora de rua, e a cachoeira da Floresta da Tijuca, onde ela vai tomar banho. A Floresta da Tijuca é a maior floresta urbana do mundo. São duas locações que não são cartões-postais da cidade, mas, ao mesmo tempo, são muito características do Rio.

O filme traz a canção "Copo vazio", de Gilberto Gil, cantada por Gil e Chico Buarque. Como chegou à canção?

Estava no carro ouvindo o disco "Gil luminoso", que traz essa canção. Pouco depois, ouvi também na voz de Chico Buarque, que a gravou em "Sinal fechado". A letra diz: "É sempre bom lembrar / que um copo vazio / está cheio de ar". É um resumo do que é o filme, metaforicamente. A canção traz uma delicadeza que dialoga com a história que estamos contando. Tivemos o privilégio de ter essa música cantada pelo Gilberto Gil e pelo Chico Buarque em um dueto gravado especialmente para o filme.

Na fotografia e na montagem estão Ricardo Della Rosa e Sergio Mekler, respectivamente, que têm trabalhado com você em seus últimos filmes.

Sim, eles são grandes parceiros de vida, na verdade. O Ricardo Della Rosa fez *Casa de areia*, *Lope*, *Os penetras*. Temos uma grande cumplicidade. Desenvolvemos um processo de trabalho em que ensaio com os atores antes de filmar e, se for necessário, mudamos tudo o que havíamos planejado. A pré-decupagem das cenas é apenas um ponto de partida. O Ricardo é um grande parceiro nisso, é um grande diretor de fotografia, um dos maiores do mundo na minha opinião, e tem essa preocupação que é a de ter a fotografia servindo à dramaturgia. Sérgio Mekler é outro parceiro de longa data, trabalho com ele desde o começo dos anos 1990. Nós nos conhecemos quando eu estava produzindo o documentário do Walter Salles sobre João Gilberto com Tom Jobim. Ele e Ricardo Della Rosa são dois irmãos, são como família.

Como foi o trabalho com a equipe responsável pelas transições?

As transições foram dirigidas pelo Vicente Amorim, e deixei o Vicente muito livre, porque os filmes se encerram e as transições têm um roteiro à parte, que acabam trazendo uma assinatura também. Eu o deixei totalmente à vontade, porque esse filme, o das transições, era dele.

Qual sua história de amor com o Rio de Janeiro?

A minha história de amor com o Rio de Janeiro é ser carioca, morar no Rio, sair do trabalho cansado e passar pela Lagoa, pela praia, ver aquela vista linda. Mas é uma cidade com contrastes, onde há muito ainda a ser feito para conseguirmos um equilíbrio social e termos um Rio melhor. Como carioca, acho que temos uma alma receptiva, acolhedora, que não se leva a sério. É hospitaleiro, simpático, debochado. O fato de não se levar a sério é muito interessante. E parte da geografia da cidade. É uma das cidades mais bonitas do mundo.

LOCAÇÕES

CINELÂNDIA

Dona Fulana amanhece o dia na Cinelândia, o nome dado ao conjunto arquitetônico ao redor da praça Marechal Floriano Peixoto, construída em 1910. Tanto a praça quanto o monumento ao Marechal Floriano Peixoto encontrado no local são homenagens ao segundo presidente do Brasil. O local é símbolo das reformas urbanas pelas quais a cidade do Rio de Janeiro passou, abandonando o passado colonial em busca da modernidade com influências europeias. Ali se encontra o Theatro Municipal, a Biblioteca Nacional, a Câmara Municipal, o Museu Nacional de Belas-Artes, o Centro Cultural da Justiça Federal, e os edifícios Wolfgang Amadeus Mozart (conhecido como Amarelinho) e Francisco Serrador.

Toda a região, inclusive a praça, ficou conhecida como Cinelândia a partir dos anos 1930, devido à concentração de cinemas no local no início do século 20 (quase todos eles, hoje, encontram-se fechados ou abrigando outras atividades). A Cinelândia é um importante cenário político e cultural da cidade do Rio de Janeiro, concentrando manifestações, protestos, bares, restaurantes, música e teatro.

Praça Paris

Acompanhando a tendência de reformulação urbanística da cidade do Rio de Janeiro, a praça Paris, projetada pelo arquiteto e urbanista francês Alfredo Agache, foi inaugurada em 1929. Citada como obra-prima dos últimos tempos da *Belle Époque* carioca, o projeto segue o estilo dos jardins clássicos franceses – com formas geométricas rígidas, simetria no traçado dos jardins e vielas – e tem entre as referências os jardins do Palácio de Versalhes e das Tulherias (Tuileries). Nela se encontram jardins ao redor de um lago de cerca de 1,6 mil metros quadrados em forma retangular, com um chafariz com quatro golfinhos que jorram água da boca, cópias dos existentes no Jardim de Versalhes.

Há várias esculturas e monumentos a céu aberto, como as Estações do Ano em mármore de Carrara (réplica das existentes no Palácio de Versalhes), dois felinos também em Carrara e bustos em bronze. Antigas luminárias, que faziam parte do mobiliário urbano do Rio de Janeiro do início do século 20, também compõem o espaço. Ao fundo dos jardins, vemos arranha-céus do centro do Rio de Janeiro. A região que a praça ocupa foi aterrada com material de demolição do morro do Castelo, no início do século 20. A praça Paris foi tombada em maio de 1995, pelo Departamento Geral de Patrimônio Cultural da Prefeitura da Cidade do Rio de Janeiro.

Horto

A cachoeira onde Dona Fulana leva seu neto para tomar banho fica no bairro do Horto, próximo ao Jardim Botânico, zona sul da cidade. Horto e Jardim Botânico fazem parte do Parque Nacional da Floresta da Tijuca. Na região, além de vasta fauna e flora, são encontradas as cachoeiras do Quebra, Chuveiro, e dos Primatas, entre outras. Na caminhada em direção a esta última, é possível encontrar, além dos micos, que habitam em grande número a região, uma bela vista da lagoa Rodrigo de Freitas. As cachoeiras do Quebra e Chuveiro são formadas pelas águas do riacho Pai Ricardo, enquanto Primatas recebe as águas do rio Algodão, parte da bacia hidrográfica da Lagoa Rodrigo de Freitas, responsável por sua formação e existência. O rio Algodão é um dos afluentes do rio dos Macacos, desviado para o canal do Jockey para desaguar no mar.

REFERÊNCIAS

http://www.centrodacidade.com.br/acontece/vs_cine.htm
http://www.circuitorioantigo.com.br/cinelandia.html
http://www.riodejaneiroaqui.com/pt/praca-paris.html

http://www.rioecultura.com.br/coluna_patrimonio/coluna_patrimonio.asp?patrim_cod=51

http://ashistoriasdosmonumentosdorio.blogspot.com.br/2010/09/a-praca-paris-da-cidade-do-rio-de.html

http://www.riodejaneiroaqui.com/pt/setores-parque-nacional-floresta-da-tijuca.html

http://www.terrabrasil.org.br/eventos/retro2007/folder.pdf

http://www.terrabrasil.org.br/trilhas_mapas/tri_t_primatas.htm

NOTAS DO *SET*, POR JOÃO PEDRO DIAZ

Minha experiência no *set* de *Rio, eu te amo* com o diretor Andrucha Waddington foi um grande aprendizado sobre fazer cinema. Eu, estudante da faculdade de cinema, entrando pela primeira vez num *set* profissional de grande orçamento, me impressionei com o tamanho da equipe e da estrutura de produção assim que entrei na praça Paris às 5h da manhã, na primeira diária.

Logo fui apresentado a Andrucha e, enquanto conversávamos brevemente sobre o roteiro, percebi toda a equipe ao nosso redor se mobilizando e, sem sentir, já estávamos rodando os primeiros planos. Essa impressionante agilidade e sincronia da equipe me permitiram observar algumas características do estilo de direção de Andrucha, de sua conduta no *set*. Em condições controladas, o diretor tinha muito tempo à disposição para discutir com o diretor de fotografia sobre os próximos planos, o movimento de câmera e a interação dela com os atores. Vi, ainda, a relação de Andrucha com o montador do filme, que esteve presente em algumas cenas no *set*, e pensou em conjunto questões de continuidade e da relação entre imagens e enquadramentos. Andrucha era um diretor bastante confortável com a liberdade e o improviso que o *set* controlado lhe proporcionava, e isso lhe dava grande intimidade com os atores.

A escolha do diretor por grandes nomes do nosso cinema, como Fernanda Montenegro, Hugo Carvana, Regina Casé e Stepan Nercessian, me mostrou um desejo de homenagear, no projeto *Rio, eu te amo*, a relação do Rio com o próprio cinema e sua história. A protagonista Fernanda Montenegro dá um show à parte de vivacidade e presença dentro e fora de cena, e a câmera de Andrucha tinha liberdade suficiente para acompanhar e fazer jus a toda aquela energia.

Por fim, participar das filmagens do segmento de *Rio, eu te amo* dirigido por Andrucha Waddington foi uma intensa experiência de cinema. Sem esperar, eu me tornei figurante e entrei na água junto da equipe de foto e direção para acompanhar as filmagens, vivendo na pele a produção de um filme profissional, ao lado de um diretor experiente e verdadeiramente apaixonado por sua cidade.

João Pedro Diaz, 23 anos, é formado em Cinema pela PUC-Rio e diretor dos curtas "Construção do Cotidiano" e "Alderão". www.facebook.com/joao.p.diaz

LA FORTUNA

Diretor: Paolo Sorrentino
Com Emily Mortimer, Basil Hoffman

Dorothy, uma ex-modelo, e James, seu marido, chegam ao Rio para passar férias em uma deslumbrante casa perto da praia. Cansado da atitude repressora da mulher, James contará com alguma perspicácia e a ajuda da sorte para resolver seu problema.

PAOLO SORRENTINO

Não demorou muito para que Paolo Sorrentino se afirmasse como um dos principais diretores do cinema italiano atual. Irônicos e debochados, ocasionalmente cruéis, os filmes de Sorrentino apresentam-se como crônicas da Itália contemporânea, ao mesmo tempo em que estabelecem um rico diálogo com grandes cineastas italianos do passado – como Federico Fellini em sua fase final (de visual exuberante e tom exagerado), Ermano Olmi (na crítica política e social) e Luchino Visconti (no foco em personagens decadentes).

Sorrentino nasceu em Nápoles, em 1970. Começou a se envolver com cinema em meados dos anos 1990, trabalhando em vários filmes como assistente de direção ou de produção. Sobre a experiência, foi taxativo: "Simplesmente um desastre", definiu certa vez. "Eu costumava perder o negativo." Em 1998, escreveu com o diretor Antonio Capuano o roteiro de *Polvere di Napoli*, e, nesse mesmo ano, roteirizou e dirigiu seu primeiro curta-metragem, *L'amore non ha confini*. Apenas três anos depois, em 2001, conseguiu viabilizar seu primeiro longa, *L'uomo in piu* (*One Man Up*), comédia dramática sobre dois napolitanos que têm o mesmo nome. O filme foi sua primeira colaboração com o ator Toni Servillo, que se tornaria seu parceiro mais constante.

O reconhecimento internacional veio a partir de seu segundo longa-metragem, *As consequências do amor*, selecionado para a competição do Festival de Cannes de 2004.

A partir daí, nenhum longa de Sorrentino deixaria de participar da competição de Cannes. Com uma câmera criativa, em alguns momentos mirabolante, Sorrentino acompanha a melancólica trajetória de um homem solitário que trabalha como contador para a máfia. A ironia, uma das características mais fortes do cineasta, já se sobressai como elemento fundamental. "Acho que foi algo que herdei da cidade de onde vim, Nápoles. Os napolitanos crescem cercados por essa ironia, 24 horas por dia. Foi algo que vivi e respirei."

Em 2006, Sorrentino voltou ao festival com *O amigo da família* (*L'amico di famiglia*), comédia de humor corrosivo sobre um agiota que desenvolve uma obsessão pela filha de um de seus clientes. Nesse mesmo ano, também fez uma participação como ator no filme de Nanni Moretti, *O crocodilo*, uma alegoria política sobre a Itália da era Berlusconi (também exibido na competição de Cannes).

Sorrentino volta ao festival mais uma vez em 2008 com *Il divo*, pelo qual ganha seu primeiro reconhecimento importante: o Prêmio do Júri. O filme é uma biografia nada convencional, de tom delirante, de um dos mais polêmicos políticos italianos, o democrata cristão Giulio Andreotti (1919-2013).

Andreotti foi primeiro-ministro do país diversas vezes e, no fim de sua longa carreira política, foi acusado de ter ligações com a máfia (depois absolvido pela justiça). Metafórico e extravagante – "uma ópera *rock*", na definição do diretor –, *Il divo* tem sequências grandiosas, à beira do grotesco, uma delas envolvendo a bateria de uma escola de samba brasileira que toca em altíssimo som e mulatas de biquíni que dançam em um grande carnaval.

Presidente do júri no ano em que *Il divo* foi premiado em Cannes, o ator Sean Penn aceitou ser protagonista do longa-metragem seguinte do diretor, o primeiro de Sorrentino falado em inglês e rodado fora da Itália. Em *Aqui é o meu lugar* (*This Must Be the Place*, 2011), Penn interpreta um ex-cantor de *rock* (cujo visual é claramente inspirado no de Robert Smith, da banda The Cure) decidido a interromper sua confortável porém tediosa aposentadoria em Dublin para viajar até Nova York, onde pretende confrontar o homem nazista que humilhou seu pai, recém-falecido, quando esteve preso em um campo de concentração, na Segunda Guerra Mundial.

O filme seguinte de Sorrentino, *A grande beleza* (2013), tornou-se um imenso sucesso internacional e coroou sua carreira (que, mais uma vez, começou no Festival de Cannes) com o Oscar de melhor filme em língua estrangeira. Dessa vez, Toni Servillo interpreta Jep Gambardella, jornalista de Roma que bem poderia ser uma versão contemporânea do personagem de Marcello Mastroianni em *A doce vida*, de Fellini. Escritor frustrado, Gambardella passa seu tempo em grandes festas promovidas pela alta burguesia romana. A câmera movimenta-se de forma fluente e flutuante, dando ao filme um tom onírico, afastando qualquer possibilidade de realismo.

Em *A grande beleza*, a melancolia e um certo rancor dominam o tom. O humor, em geral protagonista dos filmes de Sorrentino, passa a ser coadjuvante. Suas personagens, ele definiu certa vez, são aquelas que, de repente, se dão conta de que se tornaram as pessoas que se tornariam um dia, sem terem se dado conta da passagem do tempo. "Acho impressionante esse momento em que as pessoas percebem, com sofrimento e dor, que houve um tempo em que eram felizes, porque nesse tempo o presente e o futuro coincidiam, eram uma coisa única. Mas há esse momento, na idade adulta, em que o futuro passa a ser o futuro e o presente, o presente. Eles não coincidem mais."

Em *La fortuna*, seu segmento em *Rio, eu te amo*, Sorrentino volta a destilar humor e cinismo para narrar um conto cruel sobre o fim de um relacionamento amoroso.

ENTREVISTA

Como você entrou no projeto de *Rio, eu te amo*?

Um amigo americano, John Lyons, que conhece os produtores do filme, me perguntou se estaria interessado em participar do projeto. Comecei a conversar com Joshua Skurla e Leo Monteiro de Barros. Eu tinha uma história curta, achei que era boa para o filme, e aceitei. É uma espécie de *noir* psicológico, sobre duas pessoas que não estão bem juntas. Um dos dois quer eliminar o outro, e imagina uma forma de forçar um comportamento de maneira que a própria pessoa o faça.

Como definiu o elenco?

Conheci Emily Mortimer há três anos para outro filme, que acabamos não fazendo juntos, mas queria muito trabalhar com ela. E Basil Hoffman é um ator com um rosto interessantíssimo, muito incomum, que também sempre me fascinou.

Como foi trabalhar com a equipe brasileira?

Foi muito bom, trabalharam muito bem. Todos muito rápidos, o que é muito importante para mim, pois só sou capaz de dar o melhor de mim trabalhando com rapidez. Foram inteligentes e espertos em entender que precisava de velocidade para fazer coisas boas.

Qual sua relação com o Rio e como definiria a cidade?

O Rio de Janeiro é um belíssimo caos. Para mim, e provavelmente para muitos europeus, o Rio é o último local exótico, ainda fora do padrão homogeneizado do mundo. Estava curioso por trabalhar em um lugar que considero exótico e distante.

No seu filme toca uma canção de Luiz Gonzaga. Por que a escolheu?

Ouvi essa canção há muitos anos e sempre gostei demais dela. No meu último filme, *A grande beleza*, tentei encaixá-la, mas não funcionou na cena e acabei tirando. Mas ficou perfeita no segmento de *Rio, eu te amo*.

Como foi o trabalho com a equipe de transição?

Li as cenas que o diretor Vicente Amorim e o roteirista Fellipe Barbosa propuseram. Eles me perguntaram se eu concordava. A cena era muito boa – então, sem qualquer problema, disse que sim.

LOCAÇÃO

Praia de Grumari

Natureza

James, a personagem de Basil Hoffman em *La fortuna*, escolhe o mar belo e agitado da praia de Grumari para levar adiante seu plano de vingança. Grumari está situada na zona oeste do Rio de Janeiro, ao lado da Prainha, e foi declarada Área de Proteção Ambiental em 1987. Grumari e Prainha possuem um cenário que em nada se assemelha às praias urbanas do Rio. No lugar de construções à beira-

-mar, há morros e vegetação de restinga. O ecossistema de restinga da região é considerado um dos mais representativos do município. O mar aberto, livre de poluição, atrai surfistas. Nos 2,8 km de extensão de areia, com índices de 100% de qualidade, ainda é possível encontrar crustáceos como tatuís e marias-farinhas. Da praia, é possível visualizar duas ilhas: a ilha das Palmas – com enseada para abrigo de embarcações – e a das Peças.

Em 2009, o caminho entre a Prainha e Grumari ficou interditado após a queda de uma pedra. Foi nesse período que o casal Franz Gessler, alemão, e Gil Rodrigues, brasileira, decidiram comprar um quiosque abandonado no local para passar os fins de semana. Aos poucos, começaram a vender bebidas e comidas para as pessoas que visitavam a praia e, com o sucesso, acabaram por abandonar suas ocupações anteriores para se dedicar inteiramente ao Quiosque do Alemão, que se tornou uma das referências do local.

REFERÊNCIAS

http://www.parquepedrabranca.com/p/prainha-e-grumari-belos-recantos.html

http://rioshow.oglobo.globo.com/passeios/eventos/rio-seu-lindo-parte-2-11190.aspx

NOTAS DO *SET*, POR CLARA PELTIER

Durante alguns dias tive a oportunidade de acompanhar o talentoso e renomado diretor italiano Paolo Sorrentino na fase de pré-produção e filmagem de seu episódio "La fortuna" para o filme *Rio, eu te amo*. Muito simpático e sucinto com as palavras, Paolo demonstrou ter controle absoluto do seu ofício em todos os momentos de seu enxuto cronograma na cidade.

Talvez o fato mais curioso de toda a produção tenha sido a ausência de um plano de filmagem. Na verdade, Paolo decidiu não compartilhar a sua decupagem com o restante da equipe, que passou todo o tempo sem saber qual seria o próximo *set-up*. Ele levava a sua preciosa decupagem num pequeno caderno no bolso da camisa e, a cada plano bem-sucedido, marcava um "X" com uma caneta vermelha. Mas, em nenhum momento a falta do plano de filmagem atrasou o andamento da equipe. Paolo estava sempre à frente, com muita calma e precisão, indicando o posicionamento da câmera e, muitas vezes, o enquadramento. Ficava claro que, como diretor experiente, ele tinha o filme inteiro na cabeça.

Talvez essa pequena ousadia de libertar a equipe de um plano desse a Paolo algum espaço para o improviso, alguma liberdade dentro de um filme tão detalhadamente visualizado em sua mente. Tal controle mostrou-se evidente antes da filmagem, quando ele me revelou que é preciso sempre concordar com os atores antes de ligar a câmera. Segundo Paolo, os atores têm medo de falhar e por isso é importante que eles se sintam confiantes ao entrar no *set*. E me recomendou: "Toda vez que um ator vier com uma ideia para o seu filme, concorde. Mas, na hora de filmar, diga para fazer o que estava planejado."

Apesar de nem sempre aceitar as sugestões do elenco, Paolo gasta a maior parte do tempo dirigindo atores, no caso, a atriz Emily Mortimer e o ator Basil Hoffman. Desde discussões sobre o passado e os desejos obscuros dos personagens, até detalhes de pequenos gestos e a sutileza de um olhar. Paolo sabe muito bem que os atores são a alma do filme. Afinal, o seu inteligente e afiado roteiro foi construído em cima de personagens únicos, repletos de camadas, reveladas em pinceladas de diálogos. O ponto alto de toda filmagem foi ver esses personagens ganharem vida no corpo de atores tão talentosos. Sem cair no estereótipo, Emily Mortimer deu charme e diversas cores a Dorothy, a jovem esposa de James, Basil Hoffman, que transmitiu com intensidade as amarguras de uma vida inteira.

Ficou claro para mim que a força de um filme está na riqueza de sua história e de seus personagens. Melhor ainda, está na certeza dos detalhes. Não é à toa que Paolo defendeu com afinco cada pedacinho do seu roteiro, que como ele mesmo definiu, é um "*existential noir*". O filme é um instigante retrato sobre o ser humano, complexo e muitas vezes contraditório. Um grande mistério, como é a própria sorte, *la fortuna*.

PÓS

Os dois dias de filmagem do episódio "La fortuna" ocorreram em locações externas: a piscina de uma mansão no Joá e a praia de Grumari. As condições do tempo estavam ruins, mas foram mudando ao longo da filmagem, o que imprimiu muitas variações na fotografia. A correção de cor teve como objetivo trazer luminosidade para o filme de Sorrentino, que havia incluído o próprio sol no seu roteiro. Na cena em que James (Basil Hoffman) tira o seu boné para olhar o céu, a passagem das nuvens sobre sua cabeça só ficou visível na pós-produção, pois até então os raios de sol não apareciam na imagem. Além disso, a correção trouxe mais vida e cor para a história, acentuando, por exemplo, a extravagante boia de piscina cor de rosa de Dorothy (Emily Mortimer).

A escolha inusitada de um forró pouco conhecido do mestre Gonzaga como trilha sonora trouxe um contraste interessante para o filme. A música criou um clima de descontração na trama, trazendo leveza para a densa e complexa relação dos personagens – um casal norte-americano aparentemente alheio ao estilo de vida carioca e à cultura brasileira. O forró também agregou um certo charme e humor ao personagem Dorothy que, numa cena na praia, dança sozinha vestida num pequeno biquíni sem nenhuma timidez.

O desafio da montagem foi transformar muitas horas de material em apenas 7 minutos de filme. Diversos planos foram cortados com objetivo de enfatizar o conflito principal do casal James e Dorothy. De forma criativa e inteligente, a montagem utilizou alguns *closes* para criar climas e passagens de tempo, como por exemplo, as pernas de Dorothy, o olhar fixo de James e a barata boiando na piscina. Essa liberdade na montagem permitiu que o filme ganhasse subjetividade através de pequenas ações, aprofundando em pouco tempo a trama.

Clara Peltier, 32 anos, é formada em Jornalismo e Cinema pela PUC-RJ e diretora do curta "Graça".

A MUSA

Diretor: Fernando Meirelles
Com Vincent Cassel, Deborah Nascimento

Zé faz esculturas na areia, reproduzindo obras mundialmente conhecidas. Até que uma jovem de passagem pelo calçadão o inspira a criar uma obra original.

FERNANDO MEIRELLES

Quando terminou de ler o romance *Cidade de Deus*, de Paulo Lins, em 1997, Fernando Meirelles estava determinado a adaptá-lo para o cinema. Iniciou ali uma jornada que duraria cinco anos e que mudou completamente o rumo de sua vida e do cinema brasileiro recente.

A realização de *Cidade de Deus* foi marcada por obstáculos e incertezas. Ninguém estava interessado em financiar um filme com atores desconhecidos, boa parte deles negros, e que ainda por cima tocava em um assunto totalmente ausente da produção nacional realizada na época. Era senso comum entre os profissionais de cinema que o público brasileiro não pagaria ingresso para ver um filme sobre violência urbana. Meirelles deu partida à produção com recursos próprios, economizados ao longo de anos de carreira na publicidade (depois, com o filme pronto, recuperaria esses investimentos iniciais). No período que antecedeu o lançamento do filme, as apostas dos profissionais do mercado eram de um resultado mediano, que seria garantido pelo impacto do tema e a qualidade da obra, um aspecto que parecia ser unânime entre os poucos que haviam assistido ao filme antes da estreia.

Cidade de Deus teve sua *première* mundial em maio de 2002 no Festival de Cannes, exibido fora de competição, em uma sessão à meia-noite. O próprio fato de ter sido excluído da disputa pela Palma de Ouro é um reflexo da polêmica em torno do filme. Diz a lenda que o comitê de seleção do festival se dividiu radicalmente diante da obra, e que a solução para conciliar as opiniões divergentes foi incluí-lo na programação, mas em caráter *hors concours*.

O murmurinho em torno de *Cidade de Deus* começou a circular por Cannes aos poucos – até que, antes de o festival terminar, o filme de Fernando Meirelles já se havia tornado um dos grandes destaques do evento. Começava ali uma trajetória internacional que culminaria, dois anos mais tarde, com quatro indicações a importantes categorias do Oscar: melhor diretor (Fernando Meirelles), melhor roteiro adaptado (Bráulio Mantovani), melhor fotografia (Cesar Charlone) e melhor montagem (Daniel Rezende).

No Brasil, a trajetória foi tão ou mais surpreendente, tanto em termos de repercussão crítica (o filme levantou debates intensos) quanto em relação à resposta do público. *Cidade de Deus* estreou em agosto e ultrapassou todas as previsões mais otimistas do mercado, conquistando mais de três milhões de espectadores. Além disso, teve vários desdobramentos, como a série *Cidade dos homens*, exibida na TV Globo.

Antes do furacão *Cidade de Deus*, Fernando Meirelles já era consagrado no meio publicitário. Havia também realizado dois longas, ambos em parceria com outros diretores: *Menino maluquinho 2 – A aventura*, com Fabrizia Pinto, e *Domésticas*, com Nando Olival. Nascido em São Paulo, em 1955, Meirelles começou a filmar aos 12 anos, quando ganhou uma câmera do pai. Estudou arquitetura na Universidade de São Paulo, mas seu projeto final foi no formato de um filme.

Com um grupo de amigos, entre eles Marcelo Tas, montou a produtora Olhar Eletrônico, responsável por séries e programas de TV marcantes nos anos 1980. Em 1992, foi um dos fundadores da O2 Filmes, que rapidamente se estabeleceu como uma das principais produtoras de publicidade do país.

O sucesso mundial de *Cidade de Deus* abriu as portas para que Fernando Meirelles desenvolvesse uma carreira internacional. Seus três filmes seguintes foram histórias faladas em inglês, todas elas com elenco de peso, produzidas fora da estrutura dos grandes estúdios de Hollywood e viabilizadas por diversas fontes de financiamento, a maioria europeias.

Seu projeto seguinte foi uma adaptação do romance *O jardineiro fiel*, de John Le Carré, *thriller* político produzido pelo inglês Simon Channing Williams, que teve sua *première* na competição do Festival de Veneza de 2005. No elenco, Ralph Fiennes, Danny Huston e Rachel Weisz, que foi premiada, pelo filme, com o Globo de Ouro e o Oscar de melhor atriz coadjuvante.

Três anos depois, Meirelles conseguiu concluir outro projeto complexo, com que vinha sonhando já fazia algum tempo: a adaptação do romance de José Saramago *Ensaio sobre a cegueira*, uma fábula alegórica que imagina um mundo onde as pessoas ficam subitamente cegas, sem explicações aparentes. Mais uma vez, o diretor conseguiu reunir um elenco de grande peso, encabeçado por Juliane Moore, Mark Ruffallo, Gael Garcia Bernal, Danny Glover e a brasileira Alice Braga (que despontou em *Cidade de Deus* e iniciava, aqui, sua carreira internacional). Distribuído nos Estados Unidos pela Focus Features (braço de filmes de baixo orçamento da Universal) e no resto do mundo pela 20th Century Fox, *Ensaio sobre a cegueira* foi selecionado para abrir o Festival de Cannes de 2008. Participou ainda da competição pela Palma de Ouro, o que costuma ser raro para filmes de abertura.

Em 2011, Meirelles lançou *360*, um roteiro de Peter Morgan (*A rainha*) que entrecruza várias histórias em diferentes pontos do planeta, estrelado por Anthony Hopkins, Jude Law, Rachel Weisz, Ben Foster, Moritz Bleibtreu, Jamil Debbouze e os brasileiros Maria Flor e Juliano Cazarré.

Além dos longas-metragens para cinema, Meirelles dirigiu séries e filmes para a televisão (como *Cidade dos homens* e *Som e fúria*, inspirado em textos de Shakespeare) e produziu filmes de outros cineastas, como *O banheiro do papa*, primeiro longa como diretor do fotógrafo Cesar Charlone; *À deriva*, de Heitor Dhalia; *Xingu*, de Cao Hamburger, e o documentário *Tropicália*, de Marcelo Machado – entre vários outros.

No segmento "A musa", do filme *Rio, eu te amo*, Fernando Meirelles dirigiu o ator francês Vincent Cassel e voltou a rodar no Rio de Janeiro, o que não fazia desde *Cidade de Deus*.

ENTREVISTA

Como surgiu a ideia para seu segmento?

Sempre que viajo para o Rio de Janeiro, em geral a trabalho, vou e volto no mesmo dia, e sempre cruzo a orla de táxi, entre Ipanema e Copacabana. Adoro observar as pessoas em atividade no calçadão, correndo, de bicicleta. Cada um deles parece ter uma música. Cada pessoa se movimenta de uma maneira, tem um ritmo próprio. Sempre viajei nessa coisa do ritmo do andar. Quando apareceu o convite para fazer *Rio, eu te amo*, de cara pensei que seria uma boa oportunidade para falar sobre a música do corpo, que é uma coisa muito carioca. A escolha do tema e do lugar, Copacabana, veio dessa observação constante, de anos.

Por que a opção por não ter diálogos, só imagem e música?

Quando o projeto virou realidade, convidei Antônio Prata, que é roteirista e escritor, para pensar uma história que contemplasse essa ideia: um filme sobre a música das pessoas no calçadão. Desde o começo imaginei um exercício novo, que nunca tinha feito antes, um filme mudo. Uma das condições dadas ao Antônio Prata foi um roteiro sem diálogos, o que representou um desafio para ele, que nunca tinha escrito nada que não fosse baseado no que as personagens dizem. Por sorte, ele também sempre teve fascínio pelo calçadão, em especial pelos escultores de areia. Então criou essa personagem, o Zé, um escultor de areia de Copacabana que, todos os dias, como um operário, reproduz uma obra de Rodin (*O beijo*). Até um dia em que ele se apaixona, sofre uma frustração e, daí, tem a inspiração para fazer uma criação própria. Ele destrói a cópia de Rodin, passa a noite trabalhando e, finalmente, esculpe uma obra que é dele. Essa é a nossa história: uma crônica sobre essa personagem que não tem voz, entra em uma crise e se transforma de artesão em artista.

O escultor é interpretado por Vincent Cassel, ator francês apaixonado pelo Brasil. Como vocês chegaram a ele?

Eu já tinha feito um filme com ele como produtor, *À deriva*, e sabia que, além de grande ator, Vincent Cassel é muito generoso e paciente. Tenho a impressão de que um dos motivos para ter aceitado participar do filme foi sua paixão pelo Rio de Janeiro. Tem casa no Rio, já morou na cidade, fala português fluentemente e conhece a cidade melhor do que eu. Veio fazer o filme como um gesto de amor a essa cidade que adora. Tivemos problemas na filmagem, porque no único dia em que o Vincent estava disponível, o tempo nublou. Tínhamos pensado em contar a história usando sombras na areia e no calçadão, mas, de uma hora para outra, tivemos que repensar tudo. E o Vincent foi muito paciente, esperou que repensássemos tudo. Foi realmente uma participação muito generosa.

A montagem é assinada por outro parceiro de longa data, Daniel Rezende.

Como precisamos mudar o roteiro durante nossa diária de filmagem, também foi preciso reencontrar o roteiro na ilha de edição. Por sorte pude contar com Daniel Rezende, velho parceiro e um dos montadores mais talentosos do Brasil. Depois de algumas versões, acabamos encontrando um começo, meio e fim para o filme, que foi embalado pela música do André Abujamra. Desde o começo, queria fazer desse filme uma peça musical de sete minutos. A ideia era não segmentar a música, mas tentar criar uma grande peça que durasse o tempo do filme, e na montagem, com as imagens, criar um ritmo.

Qual sua relação com o Rio de Janeiro?

Já filmei muitas vezes no Rio, a maior parte das vezes para a publicidade, sempre enfocando os cartões-postais da cidade. Mas a primeira vez que filmei no Rio por mais tempo foi para *Cidade de Deus*, em que a ideia era justamente fazer um filme em que não víssemos o Rio conhecido. *Cidade de Deus* mostrou o "outro lado do Rio", a cidade vista por trás dos morros, e agora, no segmento de *Rio, eu te amo*, veio a oportunidade de fazer um pequeno filme justamente sobre o cartão postal mais emblemático do Rio, a porta de entrada da cidade. O Rio de Janeiro é muito fascinante. Tendo filmado na "porta dos fundos" e na "porta da frente", acabei conhecendo bastante a cidade e ela sempre me fascina – pela diversidade, pela beleza natural, pela vibração. Acabei aceitando esse projeto porque esta é uma cidade realmente amável, e eu amo o Rio.

LOCAÇÃO

COPACABANA

Calçadão

A locação escolhida por Fernando Meirelles para seu segmento em *Rio, eu te amo* é um dos ícones do Rio de Janeiro: o calçadão da praia de Copacabana, com seu grafismo mundialmente reconhecido.

O bairro de Copacabana começou a ser mais frequentado a partir do fim do século 19 e início do século 20, com a implementação de facilidades de acesso e transporte. Datam desse período a inauguração do hotel Copacabana Palace e do túnel Alaor Prata, conhecido como túnel Velho. O primeiro calçadão da praia de Copacabana foi construído no início dos anos 1920, com pedras de basalto (negras) e de calcita (brancas), que receberam o nome de "pedras portuguesas" por terem sido trazidas, inicialmente, de Portugal. O desenho das ondas, então, corria transversal ao mar. Na década de 1970, o paisagista Burle Marx foi convidado a reformar o calçadão, feito originalmente por calceteiros portugueses, e assim as ondas passaram a ser paralelas à orla, com curvas mais expressivas do que no desenho original. O calçadão de Copacabana foi inspirado no desenho das pedras portuguesas da praça do Rocio, em Lisboa, referindo-se ao encontro das águas do rio Tejo com as do oceano Atlântico.

Copacabana Palace

O hotel Copacabana Palace, declarado patrimônio cultural da cidade do Rio de Janeiro no fim de 2008, foi inaugurado em meados de 1923 por Octávio Guinle. O empresário recebeu estímulos para o empreendimento do então presidente Epitácio Pessoa, que queria hospedar em grande estilo na capital nacional os visitantes da Exposição do Centenário da Independência do Brasil, em 1922. Mas o atraso na construção, de quase um ano, não permitiu que seus anseios fossem atendidos. Na época, o hotel destacava-se na paisagem de Copacabana, com suas casas térreas e sobrados. O projeto foi do arquiteto francês Joseph Guire, que se inspirou nos hotéis Negresco, em Nice, e Carlton, em Cannes. O prédio obedece ao estilo mediterrâneo e é considerado o hotel mais luxuoso e tradicional da cidade do Rio, recebendo inúmeras celebridades. Sua história inclui episódios como no filme *Flying Down to Rio*, com Fred Astaire e Ginger Rogers.

Socopenapã
Socopenapã, palavra de origem tupi, foi o primeiro nome da região que abrange Copacabana e a Lagoa Rodrigo de Freitas, incluindo Ipanema e Leblon, e significa "o caminho dos socós", aves aquáticas abundantes no litoral do Rio de Janeiro. Indígenas também se referiam à região

como "costa do mar bravo". Há controvérsias sobre o surgimento do nome Copacabana, que em língua quíchua significa "lugar luminoso", "praia azul" ou "mirante azul". A maioria dos relatos aponta que se trata de uma homenagem à imagem da Virgem de Copacabana, colocada em um pedestal na capela erguida por pescadores da região. A capela foi demolida no início do século 20 e no local, hoje, encontra-se o Forte de Copacabana. A santa, venerada por habitantes da península ao sul do lago Titicaca, teria sido trazida por mercadores bolivianos e peruanos que vieram ao Brasil comercializar objetos em prata.

REFERÊNCIAS

http://g1.globo.com/Noticias/Rio/0,,MUL200090-5606,00-DESENHO+DO+CALCADAO+DE+COPACABANA+E+INSPIRADO+EM+PRACA+DE+LISBOA.html

http://g1.globo.com/Amazonia/0,,MUL1584252-16052,00.html

http://diariodorio.com/curiosidade-carioca-o-calado-de-copacabana/

http://pt.wikipedia.org/wiki/Praia_de_Copacabana

http://g1.globo.com/Noticias/Rio/0,,MUL842510-5606,00-COPACABANA+PALACE+VIRA+PATRIMONIO+CULTURAL+DO+RIO.html

http://pt.wikipedia.org/wiki/Copacabana_Palace

http://puc-riodigital.com.puc-rio.br/Jornal/Cidade/Beco-das-Garrafas,-berco-da-Bossa-Nova,-hoje-e-uma-placa-23696.html#.VE5l9Pl4r0c

http://portalgeo.rio.rj.gov.br/EOUrbana/Rio500Copacabana_txt.htm

NOTAS DO *SET*, POR RAFAEL SPÍNOLA

Exterior, praia de Copacabana, dia. Quase no Leme e quase na areia, um sol brilha forte, apesar do céu nublado. Chegando perto vejo que não é o sol, mas um refletor gigante. O sol do cinema. O refletor me diz que o filme é grande, como tinha que ser. Rio de Janeiro por Fernando Meirelles. Chego devagar, na presença quieta de jovem diretor que veio acompanhar o processo e converso sobre o tempo. Parece aquela conversa amena de elevador, mas é maior do que isso. "A musa" é um filme solar, praiano, colorido e carioca, mas o sol de verdade, contrariando as previsões do tempo, não veio para a filmagem. Nuvens cinzas em seu lugar. Há sempre a presença do imprevisível e São Pedro quis testar a produção. O que poderia ser o desespero de um diretor com o tempo contado para filmagem e uma equipe enorme à espera, para Fernando Meirelles é uma decisão tranquila e firme. Filmaremos. Mais refletores, fundo verde para aplicar o céu azul na pós-produção, conversa com o ator, ajustes de câmera, som, claquete e ação. Com chuva ou sol, o cinema acha seu caminho. Giramos em torno de um refletor gigante.

Rafael Spínola, 22 anos, é formado em Comunicação Social – Radialismo pela Escola de Comunicação da UFRJ e diretor dos curtas "Nossos Traços" – disponível no site www.portacurtas.org.br, vencedor do prêmio de Melhor Curta-Metragem pela Janela Crítica no VI Janela Internacional de Cinema do Recife e do Prêmio Livre do Júri no Cine Esquema Novo – e "Gigante", selecionado para diversos festivais nacionais.

ACHO QUE ESTOU APAIXONADO

Diretor: Stephan Elliott
Com Ryan Kwanten, Marcelo Serrado, Bebel Gilberto

Jai, um ator famoso, chega ao Festival do Rio para divulgar seu mais novo filme. Exausto, só pensa em chegar ao hotel para descansar, mas seu motorista, Célio, insiste em puxar conversa. Até que Jai depara com o Pão de Açúcar, e sente-se compelido a escalar a montanha.

STEPHAN ELLIOT

Ainda muito jovem, aos 30 anos, o australiano Stephan Elliot experimentou o doce sabor do sucesso com a repercussão mundial de seu segundo longa-metragem, *Priscilla, a rainha do deserto*. A ideia do filme surgiu quando testemunhou o desespero de uma *drag queen* cujo vestido se desfez em pleno desfile de *Mardi Grass*. Imediatamente, imaginou uma espécie de *western* à moda de Sergio Leone, só que situado no deserto australiano e estrelado por homens vestidos de mulher.

Priscilla estreou na mostra Um Certo Olhar do Festival de Cannes de 1994 e tornou-se o filme *cult* daquele ano. A divertida travessia do deserto por três *drag queens* interpretadas por Terence Stamp, HugoWeaving e Guy Pearce correu o mundo e culminou sua carreira conquistando o Oscar de melhor figurino, reconhecimento mais do que justo para o trabalho de Tim Chappel e Lizzy Gardiner.

Na adolescência, entre os 13 e 18 anos, Elliot registrou mais de 900 casamentos antes de começar a trabalhar profissionalmente no cinema. Foi assistente de direção de dezenas de longas antes de assinar o seu primeiro como diretor, em 1993: o suspense *Frauds*, que trazia no elenco o cantor Phil Collins.

Depois de *Priscilla*, no entanto, amargou dois fracassos consecutivos, o que quase o fez abandonar a carreira. Mesmo selecionado para o Festival de Cannes, em caráter *hors concours*, *Woop Woop – terra de malucos* (*Welcome to*

Woop Woop, 1997), comédia sobre um fugitivo americano que vai parar em uma cidade habitada por personagens excêntricas, foi considerada uma bomba pela crítica e também fracassou junto ao público. A situação repetiu-se, de forma ainda mais dura, com *Sedução fatal* (*Eye of the Beholder*, 1999), um suspense rodado nos Estados Unidos e no Canadá, com Ewan McGregor e Ashley Judd nos papéis centrais.

Em 2004, aos 39 anos, Elliot estava esquiando nos Alpes franceses quando sofreu um acidente quase fatal. Quebrou a coluna, as pernas e a pélvis. Passou por três anos de reabilitação, e teve nada menos que 11 placas de titânio implantadas no corpo.

Experiência tão radical fez com que Elliot revertesse a decisão de abandonar a carreira. Assim que se sentiu novamente em forma, voltou ao *set* de filmagens, e o resultado foi *Bons costumes* (*Easy Virtue*, 2008), comédia romântica sobre uma garota americana que namora um aristocrata inglês. O roteiro é uma adaptação da peça homônima de Noel Coward que, por sua vez, já havia sido filmada por Alfred Hitchcock em 1928, na Inglaterra, ainda na época do cinema mudo. Elliot reuniu um elenco de peso – encabeçado por Colin Firth, Jessica Biel, Kristin Scott Thomas e Ben Barnes – e o filme cumpriu uma carreira digna junto ao público e à crítica.

Nesse meio tempo, *Priscilla* voltou à cena, agora na forma de musical. O roteiro do filme foi adaptado para o teatro pelo próprio Elliot e por Allan Scott, e o espetáculo estreou no Lyric Theatre, em Sidney, com imenso sucesso, para logo se espalhar por vários países – incluindo o Brasil, onde foi montado em 2012.

Em *Acho que estou apaixonado*, seu segmento de *Rio, eu te amo*, Elliot inspirou-se em sua experiência pessoal na cidade, que visitou pela primeira vez à época do lançamento de *Priscilla, a rainha do deserto* e onde conheceu aquele que se tornaria seu companheiro por mais de 20 anos.

ENTREVISTA

Como você entrou no projeto *Rio, eu te amo*?

Houve alguns rumores de que o filme *Sidney, I Love You*, seria feito na Austrália, e alguém chegou a me perguntar se eu estaria interessado. Conhecia a franquia e na mesma hora respondi que sim. Mas o projeto não foi à frente. Até que Ilda Santiago, diretora do Festival do Rio, soube que o projeto estava sendo desenvolvido no Rio e me pôs em contato com os produtores. Foi num estranho momento porque, como sempre nesses projetos, todos estavam muito ocupados. Mas quando soube que o projeto aconteceria, tinha uma pequena janela na minha agenda que se encaixou perfeitamente às necessidades da produção e dos atores. Foi como uma intervenção divina.

Qual sua ligação com o Rio de Janeiro?

Tenho uma ligação muito forte com o Rio. Vim pela primeira vez em 1994, com um pequeno filme chamado *Priscilla, a rainha do deserto*, e imediatamente me apaixonei pela cidade. Há alguma coisa semelhante entre australianos e cariocas. O senso de humor é parecido. Percebi isso quando notei que as pessoas respondiam às minhas provocações e piadas no mesmo tom. E, de repente, me senti totalmente confortável.

Qual foi a fonte de inspiração para a história de seu filme?

Quando me chamaram para contar uma história de amor sobre o Rio, pensei: "só posso contar uma história".

É uma história verdadeira, e aconteceu comigo. Levei apenas três horas para escrever, pois estava tudo na minha cabeça. Nunca tinha escrito nada autobiográfico antes, e é muito estranho se expor dessa maneira. O filme conta a história de um ator que chega à cidade para o Festival do Rio. No caminho do hotel, vê a montanha do Pão de Açúcar e se sente impelido a escalá-la. O motorista que o está levando não tem outra opção a não ser segui-lo até a montanha. O que eles vêm no topo da montanha é a epifania que fez com que eu me apaixonasse pelo Rio. O que houve comigo foi muito parecido: cheguei ao Rio no meio de uma turnê promocional de um filme (*Priscilla*), encontrei um estranho completo, o obriguei a escalar uma montanha de 400 metros de altura e quase morri. Chegamos ao topo e de lá vi o pôr de sol mais espetacular que já vi em toda a minha vida, ao som de uma cantora que parecia um anjo. As palavras apenas saíram da minha boca: "Acho que estou apaixonado". Hoje, vinte anos depois, ainda estou com essa mesma pessoa. Troquei a personagem do filme de diretor para ator, apenas porque achei que poderia brincar mais com a história. Mas todas as emoções pelas quais ela passa são minhas.

Como chegou aos atores principais, Ryan Kwanten e Marcelo Serrado?

É um momento estranho quando você tem que escalar um ator para ser você mesmo. Não escolheria um ator feio e gordo, certo? Fiz um teste com Ryan para o último filme que fiz e, apesar de ele não ser o ator certo para aquele papel específico, sabia que seria para algum outro trabalho. E, mais uma vez, as estrelas ajudaram. Não achei que haveria uma brecha em sua agenda para fazer o filme, mas ele conseguiu. Marcelo Serrado eu já conhecia bem – quando faz comédia é perfeito. No momento em que seu agente falou que estaria disponível nem pisquei, o papel era dele. E foi interessante para ele também, porque na verdade eu estava escalando um ator para viver meu parceiro.

E a participação de Bebel Gilberto?

Conheci Bebel Gilberto há uns 15 anos e ficamos muito amigos. Ela é hilária e, honestamente, não se importa com o que as outras pessoas estão pensando dela. Passamos algumas semanas juntos em Londres e foi uma das experiências mais divertidas da minha vida. Ela me fez prometer que algum dia daria a ela um papel em um filme. Foi um prazer escrever para ela. E ela não é Bebel Gilberto, é um anjo da guarda. O que de fato aconteceu é que, quando chegamos ao topo da montanha, havia essa mulher cantando com uma banda, em pleno por do sol, e foi angelical. Ela também está interpretando Ilda Santiago, que me apresentou ao meu parceiro no Rio e também considero meu anjo da guarda.

Como foi filmar no Pão de Açúcar?

Foi difícil, mas tudo se desenrolou da melhor maneira possível. Os outros diretores escolheram locações fáceis e simpáticas, mas escrevi um roteiro em que precisávamos escalar 400 metros com atores por uma pedra afiada... No primeiro dia, eu me lembro de ficar pendurado numa pedra, pensando comigo mesmo: "Por que não escrevi alguma coisa que se passasse em uma galeria de arte ou na praia?". Mas aí vem o momento em que você olha para baixo e vê essas pessoas igualmente apavoradas e pensa: "Que trabalho ótimo! Que divertido! E ainda estou sendo pago para isso!".

E como foi filmar com uma equipe brasileira?

Quando contei à equipe que iríamos filmar uma escalada e não seria em estúdio, todos toparam, ninguém reclamou. Até hoje estou perplexo. Não ouvi uma única reclamação, a equipe era extraordinária. Se eu tentasse fazer isso na Austrália, nos Estados Unidos ou na Inglaterra, eles provavelmente não me deixariam fazer. Eu seria cercado por uma equipe que reclamaria das condições de trabalho, da comida e do lugar em que o caminhão foi estacionado.

Qual a imagem mais marcante que você tem do Rio de Janeiro?

Desde que vim ao Rio pela primeira tenho voltado todos os anos, pelo menos uma vez por ano. Mas a imagem mais marcante da cidade aconteceu em minha primeira visita, quando vim divulgar *Priscilla*. Foi na festa após a *première* do filme, em um parque de diversões, quando mais ou menos vinte *drag queens* resolveram subir na montanha-russa. Elas gritavam, com suas perucas caindo sobre as *drags* que estavam atrás. Dessa imagem nunca irei me esquecer.

LOCAÇÃO

PÃO DE AÇÚCAR

O morro do Pão de Açúcar é um dos mais famosos cartões-postais do Rio de Janeiro. Ao lado do Cristo Redentor, é a imagem que mais rapidamente identifica a cidade ao redor do mundo. Da praia de Botafogo é possível apreciar a mais completa vista do Pão de Açúcar, com o morro Cara de Cão a seu lado e a baía de Guanabara a sua frente.

Do alto do Pão de Açúcar há 360° de belas paisagens: as praias da zona sul, a Pedra da Gávea, o maciço da Tijuca e o Corcovado, a baía de Guanabara, o Centro, o aeroporto Santos Dumont, a Ilha do Governador, Niterói e, ao fundo, a Serra do Mar, com o pico Dedo de Deus.

O morro do Pão de Açúcar, as vistas que oferece e o bondinho são ícones que atraem visitantes e despertam o interesse de artistas desde os tempos do Brasil Colônia. A beleza do Pão de Açúcar começou a ser difundida a partir da segunda metade do século 19, com missões artísticas do alemão Johann Moritz Rugendas e do francês Jean Baptiste Debret. Em 1890, O fotógrafo Marc Ferrez escalou o morro para fazer a primeira fotografia panorâmica, em preto e branco, da vista do alto.

História

Em 1º de março de 1565, Estácio de Sá fundou a cidade de São Sebastião do Rio de Janeiro aos pés do Pão de Açúcar, ao lado do morro Cara de Cão. O nome "Pão de Açúcar" teria sido dado pelos portugueses no apogeu do cultivo da cana-de-açúcar no Brasil (séculos 16 e 17). Os blocos de açúcar produzidos eram então colocados em uma forma de barro cônica, denominada pão de açúcar (e considerada semelhante ao morro), para serem transportados para a Europa.

Bonde

Em 1912, foi inaugurado o "bonde" do Pão de Açúcar, o primeiro instalado no Brasil e o terceiro no mundo. O projeto de construção do teleférico, do engenheiro brasileiro Augusto Ferreira Ramos, previa, inicialmente, três linhas: da Praia Vermelha, na Urca, ao morro da Urca; do morro da Urca ao Pão de Açúcar (esta inaugurada em 1913); do morro da Urca ao morro da Babilônia, no Leme, sendo que este último trecho não foi executado. A construção demandou o trabalho de alpinistas, que içaram quatro mil toneladas de equipamentos e material de construção. O primeiro bonde, chamado camarote carril, veio da Alemanha e era de madeira. Já na década de 1960, passou a ser de metal, seguindo o *design* do modelo anterior. A versão em acrílico e policarbonato começou a fazer parte da paisagem carioca a partir da década de 1970. No topo do Pão de Açúcar, o teleférico está suspenso a quase 400 metros de altura.

Montanhismo

Com idade superior a 600 milhões de anos, o Pão de Açúcar é um bloco único de rocha proveniente do granito, despido de vegetação, que atrai montanhistas de todo o mundo. Ao lado do morro da Urca e do morro da Babilônia, é considerado um dos maiores centros de escalada do país, oferecendo 300 vias com diferentes níveis de dificuldade.

REFERÊNCIAS

http://oglobo.globo.com/rio/bondinho-do-pao-de-acucar-foi-considerado-obra-desafiadora-no-inicio-do-seculo-passado-6458343#ixzz3Hv4Nxb3k

http://www.riodejaneiroaqui.com/

http://www.bondinho.com.br/

NOTAS DO *SET*, POR MAX GLEISER

Stephan é exatamente o que você espera dos que nasceram entre os signos de Leão e Virgem. Seu estilo é como sua personalidade, uma mistura de perfeccionismo e ambição. Ele sabe exatamente o que quer para um definido *shot* e nem que tenha que subir – ele mesmo – uma pedra com a câmera na mão, ele vai concluir cada *take* em que acredita. Seu filme não é apenas uma autobiografia, é uma autoanálise.

Poucos minutos depois de nos conhecermos, Steph já me instruíra a passar o diálogo com Ryan Kwanten, alterando as expressões brasileiras que ele havia escrito para algo mais carioca. A sensitividade ao redor do Sr. Elliott e seus personagens é cativante, a forma com que ele traz à tona minúcias, tiques, fortalecendo seus personagens e aumentando seus *backgrounds*, mesmo em um curta, é algo único.

Mesmo sendo uma experiência rápida, poucos dias no *set*, devido aos perigos de se filmar na encosta do nosso Pão de Açúcar, foi estimulante ver um diretor experiente como ele acompanhando de perto cada processo, ouvindo cada pensamento e lembrando que não são largas quantias em dinheiro que fazem um filme grandioso, mas a paixão por se fazer filmes.

Max Andrade Gleiser, 23 anos, cursa Cinema na PUC--Rio. É diretor dos curtas "Era uma vez nos tempos da ditadura" e "Salto 15".

Rio de Janeiro

Fernanda Montenegro, Andrucha Waddington e Eduardo Sterblitch

Regina Casé e Fernanda Montenegro

Eduardo Sterblitch

Dona Fulana
Andrucha Waddington

Fernanda Montenegro

Andrucha Waddington, Fernanda Montenegro e Ricardo Della Rosa (diretor de fotografia)

Regina Casé

Emily Mortimer

Emily Mortimer
e Basil Hoffman

Paolo Sorrentino e equipe

La fortuna
Paolo Sorrentino

Paolo Sorrentino

Emily Mortimer

Fernando Meirelles

Fernando Meirelles
e César Charlone

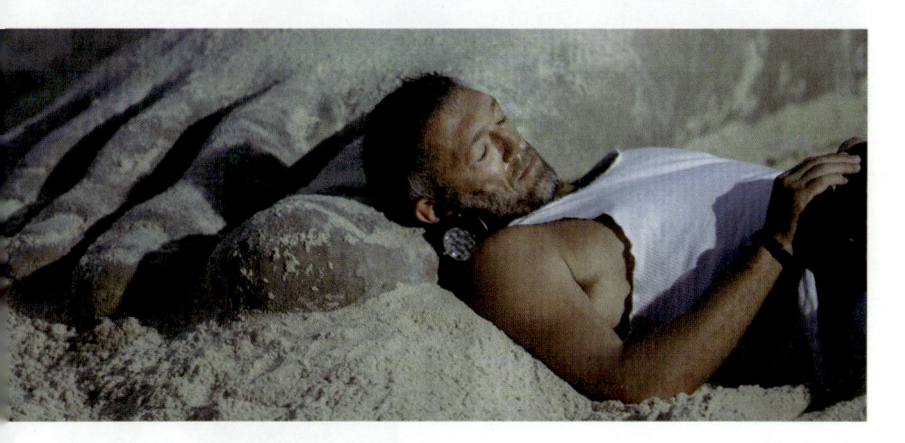

Vincent Cassel

A musa
Fernando Meirelles

Ryan Kwanten,
Stephan Elliot
e Marcelo Serrado

Ryan Kwanten e
Marcelo Serrado

Acho que estou apaixonado
Stephan Elliot

Bebel Gilberto

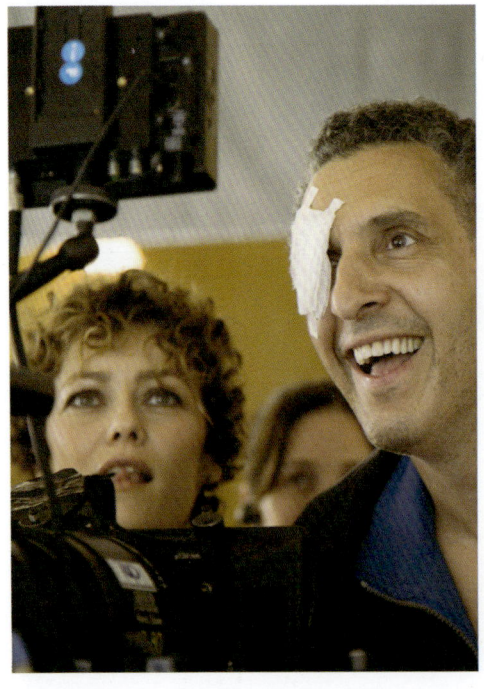

Vanessa Paradis
e John Turturro

Quando não há mais amor
John Turturro

Vanessa Paradis

Land Vieira

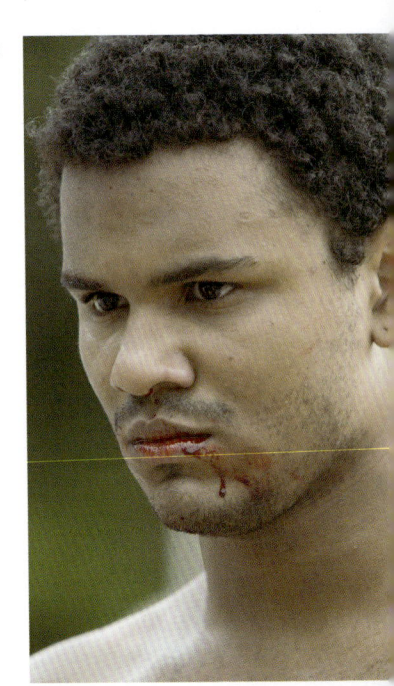

Texas
Guillermo Arriaga

Land Vieira e Guillermo Arriaga

Jason Isaac

Guillermo Arriaga

Land Vieira e Laura Neiva

Sang-Soo Im e
Roberta Rodrigues

O vampiro do Rio
Sang-Soo Im

Roberta Rodrigues
e Tonico Pereira

Sang-Soo Im

Roberta Rodrigues
e Tonico Pereira

Rodrigo Santoro,
Carlos Saldanha e
Bruna Linzmeyer

Pas de deux
Carlos Saldanha

Bruna Linzmeyer

Wagner Moura

Wagner Moura e José Padilha

Caio Junqueira e Cleo Pires

Inútil paisagem
José Padilha

José Padilha

Harvey Keitel e Cauã Salles

Nadine Labaki no set

O milagre
Nadine Labaki

Nadine Labaki

Márcio Garcia, Claudia Abreu, Vicente Amorim e Débora Nascimento

Lucas Mendes e Michel Melamed

Transições
Vicente Amorim

Emily Mortimer

Claudia Abreu

Débora Nascimento

Jéssica Barbosa

Emmanuel Benbihy

QUANDO NÃO HÁ MAIS AMOR

Diretor: John Turturro
Com John Turturro, Vanessa Paradis

Um homem, uma mulher, uma casa em Paquetá. Uma história de amor que está chegando ao fim. Uma canção de despedida.

JOHN TURTURRO

John Michael Turturro nasceu no Brooklyn, distrito de Nova York, em 28 de fevereiro de 1957, o segundo de três irmãos de uma família de origem italiana. A mãe, Katherine, cantora amadora de *jazz*, veio da Sicília; o pai, Nicola Turturro, carpinteiro e pedreiro, veio da região de Bari, também ao sul da Itália. Quando completou seis anos, Turturro mudou-se com a família para o Queens, onde passou toda sua juventude.

Ao terminar a escola, conseguiu uma bolsa para estudar teatro na Universidade de Yale, e em pouco tempo conseguiu um papel de destaque como protagonista da montagem *Danny and The Deep Blue Sea*, de John Patrick Shanley. O trabalho valeu-lhe um Obie Award – o principal do circuito *off-Broadway*, na época organizado pelo jornal *Village Voice*.

Na década de 1980, a carreira de John Turturro deslanchou no cinema, atuando em dezenas de filmes que marcaram a época, como *Procura-se Susan desesperadamente* (1985), de Susan Seidleman, com Madonna; *Viver e morrer em Los Angeles* (1985), de William Friedkin; *Hannah e suas irmãs*, de Woody Allen (1986); *A cor do dinheiro* (1986), de Martin Scorsese, *O siciliano* (1987), de Michael Cimino, e *Vingança tardia* (título em português para *Five Corners*), de Tony Bill, também em 1987. Graças a seu trabalho neste último filme, Spike Lee o convidaria para um dos papéis principais de *Faça a coisa certa* (1989), iniciando uma parceria que se prolongaria por outros nove longas-metragens.

Depois de um pequeno porém marcante papel em *Ajuste final* (1990), dos irmãos Joel e Ethan Coen, Turturro foi escalado para o papel principal do filme seguinte da dupla, *Barton Fink*, um poderoso drama de tintas surrealistas sobre um dramaturgo em crise, que saiu do Festival de Cannes com a Palma de Ouro de melhor filme e o prêmio de melhor ator para Turturro.

Em 1991, ele voltou a Cannes com seu filme de estreia como diretor, *Mac*, uma história inspirada na trajetória de seu pai. O filme foi exibido na principal mostra paralela do evento, a Quinzena dos Realizadores, e acabou recebendo a Camera D'Or, um prêmio dado ao melhor longa-metragem de um diretor estreante apresentado em qualquer seção do festival.

Turturro tornar-se-ia um dos atores-símbolo do cinema de sua época, trabalhando em produções dos mais diferentes tamanhos e perfis, que hoje somam mais de 50 longas. Um de seus papéis mais marcantes foi na adaptação do romance biográfico de Primo Levi, *A trégua* (1997), sob a direção do diretor italiano Francesco Rosi. Trabalhou também em comédias populares estreladas por Adam Sandler (*A herança de Mr. Deeds*, *Tratamento de choque* e *Zohan – o agente bom de corte*) e na bilionária franquia juvenil *Transformers*, concebida e dirigida por Michael Bay.

Ainda que mais esporádica, a carreira de Turturro como cineasta nunca foi de todo abandonada. Em 1998, ele lançou *Illuminata*, uma comédia sobre os bastidores de uma companhia teatral do início do século 20, em que, além de viver um dos papéis centrais, dirigiu Christopher Walken, Ben Gazarra e Susan Sarandon. Sete anos depois dirigiu a comédia musical *Romance e cigarros* (2005), que participou da competição do Festival de Veneza, e em 2010 lançou o documentário *Passione*, sobre a música da região de Nápoles, na Itália. Em 2013, foi a vez da comédia *Amante a domicílio* (2013), em que dirigiu e atuou, contracenando com Woody Allen.

O segmento de Turturro em *Rio, eu te amo* é uma pequena crônica do fim de uma história de amor, inspirada em uma canção de Vanessa Paradis, atriz principal do filme.

ENTREVISTA

Como você entrou no projeto *Rio, eu te amo*?

Eu deveria ter vindo ao Festival do Rio, para promover meu novo filme, *Amante a domicílio* (*Fading Gigo-*

lo), que fiz com Woody Allen e Vanessa Paradis, mas fiquei preso por conta de um trabalho e não pude vir. Um pouco depois, um amigo meu, John Lyons, amigo dos produtores do filme, me ligou, perguntando se estava interessado. Disse que pensaria e acabei imaginando essa história de amor. Vanessa Paradis, que trabalhou comigo em *Amante a domicílio,* estava lançando um novo álbum só com canções de amor, o que se tornou meu gancho principal. Achei que poderia construir alguma coisa em torno da história que havia imaginado e da canção, que é muito bonita, sobre o fim de uma relação. A inspiração vem de Vanessa Paradis, realmente gosto de trabalhar com ela. Ela é a musa.

Como foi atuar e dirigir ao mesmo tempo?
É sempre uma loucura fazer as duas coisas, mas estava trabalhando com Marco Pontecorvo (diretor de fotografia) e seu assistente, que são ótimos e me ajudaram bastante. Em alguns aspectos é mais fácil, em outros, mais difícil. É mais fácil, por exemplo, ajudar outro ator estando ao lado dele, longe da câmera, às vezes fazendo pequenos ajustes à sua própria atuação.

Por que você escolheu Paquetá como locação?

Pensei que filmar um casal em uma ilha daria mais variedade ao filme. E tem o mar, o horizonte, a natureza, o pequeno cais do lado de fora da casa. Daniel Flaksman, o diretor de arte, encontrou uma ótima locação e fez um trabalho excelente de forma muito rápida.

Qual sua relação com o Rio?

Não conheço o Rio tão bem, mas gosto muito de música brasileira. Fiz um filme em Nápoles sobre música, é um tema que adoro. É uma cultura muito específica, conheço muita gente do Brasil, ouço música brasileira, mas se leva um bom tempo para conhecer um lugar de verdade. Queria ter tempo para absorver mais. Talvez eu volte para fazer alguma coisa relacionada à música brasileira.

LOCAÇÕES

PAQUETÁ

A ilha de Paquetá é um bairro do Rio de Janeiro localizado na baía de Guanabara, a cerca de 15 quilômetros da praça

XV, no Centro. A palavra Paquetá significa, em tupi, "muitas pacas", porém há controvérsias sobre se o mamífero de fato existiu na região. Outro significado apontado seriam conchas ou mariscos, que existem em abundância na ilha.

Das ilhas situadas na baía de Guanabara, a de Paquetá é das mais extensas e povoadas, com número estimado de 4,5 mil moradores fixos, área geográfica de 1,47 quilômetros quadrados e perímetro de oito quilômetros. Dois fatos, ambos na primeira metade do século 19, atraíram a curiosidade da população sobre Paquetá e colocaram o local na rota turística: o estabelecimento de linha regular de barcas, e o lançamento do romance *A moreninha*, de Joaquim Manoel de Macedo.

Descoberta

A ilha teria sido oficialmente descoberta pelo francês André Thevet, no fim de 1555, quando era então ocupada pelos índios tamoios, que se tornaram aliados dos franceses contra os portugueses. Os portugueses acabaram por ter o domínio sobre a ilha, depois de frustrar a tentativa de domínio dos franceses e de praticamente exterminar os indígenas insurgentes, em 1566. O local foi então dividido em duas sesmarias e passou a fornecer madeira e pedras para construção, bem como alimentos para a corte durante os períodos colonial e imperial.

Solar D'El Rey

D. João VI teria conhecido a ilha casualmente no fim de 1808, quando foi forçado a atracar ali devido ao mau tempo. Hospedou-se, então, na casa de Francisco Gonçalves da Fonseca, oficial de milícias, atualmente chamada Solar D'El Rey. O então príncipe regente viu-se tão atraído pela beleza da região que a chamou de "Ilha dos Amores", passando longos períodos em Paquetá. Quando chegava, os ilhéus saudavam-no com tiros de dois canhões localizados na atual praia dos Tamoios. Hoje, apenas um deles é encontrado no local. Em 1946, a construção em estilo neoclássico recebeu do seu então proprietário, Edmundo Barreto Pinto, o nome de Solar D'El Rey. Cinco anos depois, ele transferiu a posse do imóvel ao Estado da Guanabara. O local já abrigou o Museu de Arte e Tradições Populares e é atualmente ocupado pela Biblioteca Popular de Paquetá. O solar foi tombado pelo Instituto do Patrimônio Histórico e Artístico Nacional (Iphan) no início de 1938.

Natureza

Paquetá é celebrada como um reduto de paz e tranquilidade no Rio de Janeiro, onde carros de passeio não podem circular, e as ruas podem ser percorridas a pé, de bicicleta ou por charretes. Originalmente, a ilha era coberta pela Mata Atlântica, porém, com a colonização europeia, a partir do início do século 20, uma nova flora foi incorporada à paisagem. Lá são encontradas amendoeiras, *bougainvilles*, palmeiras, *flamboyants*, bambus, mangueiras, tamarineiras, jaqueiras, coqueiros e algodoeiros. Há inclusive um baobá, árvore africana, batizado pela população como "Maria Gorda".

A vegetação atrai uma variedade de espécies de aves silvestres, marinhas e migratórias. Paquetá conta com nove morros e diversos segmentos de praia. A ilha localiza-se perto da Área de Preservação Ambiental de Guapimirim, área de conservação de manguezais, o que facilita a renovação de suas águas.

Pedra da Moreninha

A ilha de Paquetá é constantemente associada ao amor e ao romance. Essa história começa no fim do século 19, quando se espalhou a história de que o romance *A moreninha*, de Joaquim Manoel de Macedo, teria a ilha como cenário. A Pedra da Moreninha é tombada como patrimônio histórico e artístico nacional. Porém, há aqueles que discordam que o romance se tenha passado em Paquetá, como Vivaldo Coaracy, que nega a relação no livro *Paquetá, imagens de ontem e de hoje*.

Ao lado da lenda da Moreninha, há outras como as relacionadas à Pedra dos Namorados, onde os casais atiram pedras para saberem se irão se casar, e ao Poço de São Roque, cujas águas teriam o poder de fazer com que as mulheres encontrem um marido (fechado em 1908, com a inauguração de rede de abastecimento de água para Paquetá). Em homenagem ao santo padroeiro da ilha, moradores e turistas podem participar da festa de São Roque, todo dia 16 de agosto.

REFERÊNCIAS

COARACY, Vivaldo. *Paquetá – Imagens de ontem e de hoje*. 4ª ed. Rio de Janeiro: Livraria José Olímpio Editora, 1965

http://www.riodejaneiroaqui.com/portugues/paqueta.html

http://www.pedagogiaemfoco.pro.br/hispaq.html

http://www.rio.rj.gov.br/web/riotur/exibeconteudo?id=157598

http://pt.wikipedia.org/wiki/Paquet%C3%A1_(bairro_do_Rio_de_Janeiro)

http://www.ilhadepaqueta.com.br/

http://www0.rio.rj.gov.br/patrimonio/proj_solar_delrey.shtm

NOTAS DO *SET*, POR MARIO CELSO NETO

A primeira coisa que me chamou atenção ao pôr os pés no *set* de filmagem não foi o aparato tecnológico de ponta, com o qual eu não estava acostumado, mas o profissionalismo e o comprometimento com que as pessoas trabalhavam.

Quatro horas da manhã eu estava de pé me aprontando para ir para Paquetá, onde a equipe filmaria o dia inteiro, para aproveitar ao máximo a luz natural do sol. Pontualidade foi a primeira lição. Uma vez que o plano de filmagem de uma produção grande como essa é muito apertado, não podemos nos dar ao luxo de nos atrasarmos. O horário apertado além de afetar o trabalho, que se torna mais corrido, implica em questões significativas, como a escolha da câmera, que no caso era digital devido à praticidade de se poder assistir ao resultado da filmagem no momento em que esta era realizada, além da agilidade que representa para todo o processo de finalização.

Quando cheguei à locação, o lugar já estava lotado de gente montando trilhos, refletores e tripés por toda a parte. A direção de arte já tinha criado uma mesa de jantar que chamou muito a minha atenção e os atores preparavam-se com os maquiadores.

Um dos detalhes desse segmento em particular, que eu estava ansioso para observar, era o de que John Turturro, além de dirigir, atua no filme, algo que não é tão comum e uma dinâmica que eu desejava entender.

Logo de início ficou claro para mim que algo que facilitou muito essa dinâmica foi a possibilidade que Turturro teve de escolher parte de sua equipe. No caso, o diretor de fotografia, Marco Pontecorvo, funcionava como seu braço direito, pois já havia uma relação de confiança entre os dois e Turturro poderia ter mais segurança para controlar as coisas "de dentro".

Além disso, Pontecorvo fazia um trabalho muito bonito, e tinha facilidade para captar a visão que Turturro tinha para o filme. Por vezes ouvi o diretor conversar com ele sobre como havia preferido determinado *take* por seu caráter intimista, o que com certeza pode ser considerado um dos pontos principais da fotografia do curta.

Antes de presenciar as filmagens eu estava acostumado com um trabalho muito amador, com equipes que faziam pouquíssimos *takes* por cena. Além disso, os curtas que até então eu havia dirigido eram documentários ou pequenas reportagens, o que, do ponto de vista de filmagem, é bem diferente por sua espontaneidade ser o ponto principal da ação.

Turturro não fazia mais *takes* do que o habitual, mas percebi que persistência é um detalhe importante na ficção, pois só devemos parar quando tivermos certeza de que conseguimos o necessário. Mesmo que antes das filmagens o diretor tenha na cabeça exatamente o que deseja, é interessante manter um espaço aberto para que ocorram novas interpretações dessas cenas, que não necessariamente lhe teriam ocorrido e que podem enriquecer a cena. Mesmo porque os atores no início da gravação podem estar nervosos e um tanto enferrujados. No caso de Turturro e Vanessa Paradis, conforme as filmagens prosseguiam, iam ficando cada vez mais afiados. Depois de um tempo ele não precisava dizer o que queria para que retomassem o ritmo, bastava indicar com os olhos. O clima de descontração que havia entre os atores ajudou na direção da atriz, que já o conhecia pelo trabalho anterior em *Amante a domicílio*.

A história do filme fala basicamente sobre um casal que passa por uma crise em uma casa isolada e de clima bucólico. Claro que o diretor não conseguiu escapar de certo tempero italiano em alguns momentos do filme, mas isso talvez seja o que traz originalidade a essas sequências, e realismo ao drama do casal. O clima bucólico do segmento é interessante porque retrata um Rio diferente daquele do carnaval, samba e caipirinha, mostrando um lugar que também pode servir de refúgio. A locação, abarrotada de gente, dentro da câmera se tornava uma casinha calma e habitada por apenas duas pessoas. Quando comentei a respeito disso, lembro-me de alguém dizendo: "Essa é a magia do cinema, não é?".

Uma técnica interessante utilizada nesse filme, que tive a oportunidade de observar, foi a do *playback*. Esta é a técnica usada pelos videoclipes para que a música esteja em sincronia com as ações dos personagens, o ator finge que está cantando e acompanha o *playback* que toca atrás, para ele saber em que momento da letra ele deveria estar. Mais tarde a música é acrescentada e junto com ela os sons ambientes, geralmente tirados de arquivo. Lá pelas tantas no primeiro dia, mesmo que eu só estivesse observando o *set*, já estava exausto. Pensava que tudo acabaria quando o sol fosse embora, mas caso necessário, ligariam um holofote para simular a luz do sol e continuariam com as gravações. Essa pode ser a lição mais clichê do mundo, mas quando se presencia, entendemos que ela é a mais verdadeira: só faz cinema quem é dedicado e realmente acredita no que está fazendo.

A pós-produção aconteceu na semana seguinte. Vi como essa etapa é essencial para, junto à direção de fotografia e de arte, criar uma atmosfera interessante para o filme. Um processo de pós que é recente, por exemplo, é o de colorização, que por algumas pessoas já foi visto como sendo um substituto para a direção de fotografia, mas que hoje em dia é obviamente visto como um complemento, podendo inclusive ajudar a corrigir possíveis erros de continuidade na iluminação. A etapa de pós-produção que mais me interessa, no entanto, é a de mixagem de som.

Essa etapa é um ponto em que as pessoas não costumam reparar, mas quando é malfeita, unida a uma má captação de áudio, todos percebem, sendo inclusive o que mais difere hoje em dia um trabalho amador de um profissional. As coisas que considero mais importantes, que percebi nessa etapa de mixagem, foram duas: a primeira foi a variação do som, que é fundamental para a total compreensão de algumas sequências, como a reverberação e volume desse som em mudanças de locais abertos para fechados, assim como a tentativa de homogeneizar os diálogos para que haja a impressão de que a cena ocorre de uma só vez e não em diferentes *takes*. A segunda foi a sincronia, que nesse curta foi especialmente desafiador por conta do *playback*, que dificulta o processo de acrescentar os efeitos sonoros (o *foley*), pois alguns elementos dificultam muito a sincronia com o som de arquivo, como por exemplo as ondas do mar, cujos movimentos devem estar perfeitamente alinhados ao som. No final das contas esses detalhes foram muito bem realizados, resultando em belas sequências.

Participar desse projeto foi bastante esclarecedor e muito empolgante. Estar presente no *set* de filmagem e na pós-produção me deram uma noção bem mais ampla e prática da cinematografia, me tirando um pouco do conforto que pode se tornar a teorização da faculdade. A experiência me ajudou a fundamentar mais a minha certeza de fazer audiovisual, e que independente da história que estamos contando, devemos sempre perseguir a qualidade na maneira de contar essa história.

Mario Celso Neto, 20 anos, estuda cinema na PUC-RJ e é diretor dos curtas "Conversa pra boi dormir" e "Jornal da Nação". Link do canal no youtube: https://www.youtube.com/channel/UCJvZhh2SuvlxgvWH4o1CFlg

TEXAS

Diretor: Guillermo Arriaga
Com Jason Isaacs, Land Vieira, Laura Neiva

Texas, lutador de boxe, perdeu um de seus braços em um acidente de carro. Sua mulher, Maria, uma linda modelo, que também estava no carro, não pode mais andar. Culpado, Texas está disposto a tudo para levantar o dinheiro necessário para a cirurgia que poderá curar Maria. O feito parece impossível, até ele encontrar Gringo, um estrangeiro que promove lutas clandestinas no Rio de Janeiro.

GUILLERMO ARRIAGA

Aos 13 anos, Guillermo Arriaga perdeu parte do olfato depois de uma violenta briga de rua. Quis ser lutador de boxe, jogador de basquete e jogador de futebol profissional, mas acabou canalizando sua energia explosiva para as palavras. Depois de se formar em comunicação e terminar o mestrado em psicologia na Universidad Iberoamericana do México, tornou-se escritor. Primeiro, ficou conhecido assinando roteiros dirigidos por outros cineastas, depois, por seus romances e pelos roteiros de seus próprios filmes.

Enquanto dava aulas na Universidad Iberoamericana, Arriaga conheceu Alejandro Gonzales Iñarritu, de quem se tornou amigo e parceiro. Iñarritu convidou-o para escrever seu primeiro longa-metragem, *Amores brutos* (*Amores perros*) – um roteiro que já trazia, na complexa estrutura, uma das marcas registradas de Arriaga: a narrativa *multiplot*, ou seja, uma história formada por múltiplos vetores, conduzidos por diferentes personagens.

Em *Amores brutos*, um acidente de carro (filmado com nove câmeras, de resultado impressionantemente realista) é o ponto em que se cruzam as trajetórias de três personagens: Octavio (Gael Garcia Bernal), jovem do submundo da cidade do México, envolvido em brigas de cachorro; Valéria (Goya Toledo), mulher de classe média, que trabalha como modelo; e El Chivo (Emilio Echevarria), um mendigo errante.

Amores brutos tornou-se um símbolo de uma nova geração que despontava no México (na qual se destacaram também Alfonso Cuarón e Guillermo del Toro), revelou o talento de Gael Garcia Bernal, e foi um dos filmes mais premiados do ano 2000, quando foi lançado. Saiu como grande vencedor da Semana da Crítica (seção paralela do Festival de Cannes dedicada apenas a diretores com até três longas no currículo), ganhou dezenas de festivais internacionais e foi indicado ao Globo de Ouro e ao Oscar de melhor filme estrangeiro.

Iñarritu e Arriaga realizariam outros dois filmes juntos, que formam, com *Amores brutos*, a "Trilogia da Morte". São eles *21 gramas* (2003), produzido pela Focus Features (braço de produções de baixo orçamento da Universal), estrelado por Sean Penn, Naomi Watts e Benicio Del Toro, e *Babel* (2006), a história de um tiro de fuzil que interliga histórias passadas em Marrocos, no Japão e no México. Mais uma vez, o filme contou com um elenco multiestelar (Brad Pitt, Cate Blanchett, Rinko Kikuchi, Gael Garcia Bernal e Adriana Bazarra) e alcançou uma carreira de imenso sucesso, que incluiu o prêmio de melhor diretor no Festival de Cannes e sete indicações ao Oscar, incluindo a de melhor roteiro original para Arriaga (o filme acabou levando a estatueta de melhor trilha sonora, para Gustavo Santaolalla).

Babel, no entanto, marcou o fim da parceria entre Arriaga e Iñarritu, depois que Arriaga passou a criticar a cultura que considera o diretor de um filme seu autor exclusivo. "Quando eles dizem que é um filme de autor, eu digo: é um filme de *autores*. Sempre fui contra o crédito 'um filme de...'. Cinema é um processo colaborativo, que envolve vários autores. Acho saudável debatermos isso", disse Arriaga em entrevista ao jornal *The New York Times*, na ocasião do lançamento de *Babel*.

Antes de *Babel*, Arriaga assinou outro roteiro que seria levado às telas por outro cineasta: *Os três enterros* (*The Three Burials of Melquiades Estrada*), que marcou a estreia como cineasta de Tommy Lee Jones, também ator principal do filme. Por esse trabalho, Arriaga recebeu o prêmio de melhor roteiro no Festival de Cannes, em 2005.

A estreia de Arriaga atrás das câmeras de um longa-metragem deu-se em 2008 com *Vidas que se cruzam* (*The Burning Plain*), drama sobre mãe e filha que tentam se reunir depois de um período traumático. Além de ter proporcionado um dos melhores papéis da carreira de Charlize

Theron, o filme ainda revelou a atriz Jennifer Lawrence, que recebeu o prêmio Marcello Mastroianni, dado ao melhor jovem ator da competição do Festival de Veneza.

Os temas que costumam povoar os filmes escritos por Arriaga (a violência, sobretudo) também são marcantes nos três romances do autor, *O búfalo da noite*, *Um doce aroma de morte* e *O esquadrão guilhotina* – os três lançados no Brasil pela Gryphus Editora.

Em 2014, produziu o filme em episódios *Words with Gods* (2014), em que convidou vários diretores para contar uma história relacionada à religião (entre eles Hector Babenco, que assina o episódio brasileiro).

Seu segmento em *Rio, eu te amo*, uma história também marcada pela virulência e pelas emoções fortes, usa como cenário o bairro de Santa Teresa.

ENTREVISTA

Como você se envolveu em *Rio, eu te amo*?

Há alguns anos recebi um telefonema do produtor Josh Skurla, me convidando para o projeto, e disse sim imediatamente. Depois da Cidade do México, o Rio é a cidade que mais amo. Conheço o Rio bastante bem. Conheço o Flamengo, Botafogo, Santa Teresa, Vidigal, Rocinha...

E como surgiu a história?
Há um mistério na escrita. É difícil saber exatamente como conseguimos as coisas. Um dilema é um bom ponto de partida. Quando comecei a pensar na história, pensei, primeiramente, em um dilema. Quando era criança, no bairro onde morava, havia um jogador de futebol promissor que sofreu um acidente de carro e perdeu o pé direito. Fiquei obcecado com essa história. Um jovem talentoso que não pode exercer seu talento. Na história que imaginei, sua mulher também estava no acidente, e de alguma forma ele tenta reparar esse erro.

Como foi a escolha dos atores?
No caso de Land Vieira, que vive o lutador, vi apenas um pequeno pedaço do *trailer* de *Gonzaga – de pai para filho* e já o escolhi. Na cena ele nos faz entender o que se passa com o personagem apenas com o olhar. No caso de Laura Neiva, que faz sua mulher, também a vi somente no

trailer do filme *À deriva*, e com um *close* já pude perceber a profundidade de seu olhar, tive certeza de que ela tinha uma vida interior. Em relação a Jason Isaac, sempre fui um grande fã dele, foi uma decisão fácil.

Por que filmar em Santa Teresa?
Adoro Santa Teresa. Tem o ar do Rio antigo, antes que todos os prédios da cidade fossem erguidos. É um pedaço de arquitetura colonial que ainda sobrevive no Rio de Janeiro, enquanto em Copacabana e Ipanema quase tudo foi destruído. Lá há também esse grande contraste do Rio, entre as casas ricas e as favelas. Os turistas que não conhecerem Santa Teresa estão perdendo um dos lugares mais interessantes da cidade.

Como foi filmar com a equipe brasileira?
Fiquei absolutamente impressionado. Há pessoas que eu gostaria de roubar para sempre (*risos*). Adrian Teijido é um fotógrafo maravilhoso. Quando disse para ele que gostaria de um visual realista, ele simplesmente respondeu: não vamos usar luz artificial. E, de fato, ele basicamente não usou luz nenhuma. O diretor de arte Daniel Flaksman

é incrível. Ele e sua equipe eram um grupo de contadores de história, não estavam apenas decorando um *set*. Estavam contando uma história com objetos. E todos do time de produção também foram incríveis.

Como foi trabalhar com a equipe de transição?

Foi bastante interessante, porque Vicente Amorim e Fellipe Barbosa estavam estendendo a vida dos meus personagens. Eles são muito talentosos e estavam abertos a todas as discussões. Eu estive no *set* de Vicente e invejei os olhos dele. Como pode filmar assim?

Como vê o Rio de Janeiro?

O que torna o Rio especial são seus habitantes. É uma cidade cheia de contradições, com bairros como Leblon e Vidigal tão próximos. Tive meus momentos difíceis na cidade, o que não me deixou com medo, apenas me fez sentir que há alguma coisa fervendo por aqui. Não é um sentimento ruim. A paisagem de rostos do Rio é absolutamente fascinante.

LOCAÇÃO

Santa Teresa

O bairro de Santa Teresa está no alto de uma serra entre o centro e a zona sul do Rio de Janeiro. Faz limite com bairros como Glória, Catete, Laranjeiras, Lapa, Rio Comprido, Catumbi, entre outros, sendo muitos os acessos à região. Andar por suas ruas transporta-nos no tempo rumo ao Rio Antigo, com seus pisos pé de moleque, a ausência de sinais de trânsito, e o conjunto arquitetônico que mistura palacetes, chalés, castelinhos e casas de diferentes estilos, como *art nouveau*, *art deco*, neogótico, neocolonial, neoclássico, eclético. É um bairro carregado de história, com muitos restaurantes e espaços culturais, e que até os dias de hoje tem entre seus moradores artistas, intelectuais, arquitetos e escritores. É também marcado pelo alto contraste e pela diversidade, com casas de luxo, de classe média e os barracos de favelas como a do morro dos Prazeres.

Arte, cultura e lazer

Nos largos do Guimarães e das Neves é possível frequentar bares e viver a boemia do bairro. Próximo ao largo do Curvelo encontra-se o Parque das Ruínas, com um belo mirante e atividades culturais. O parque foi o que restou do palacete Murtinho Nobre, onde morou Laurinda Santos Lobo, que agitou a vida intelectual e cultural do Rio na primeira metade do século 20. O bairro oferece museus, como o dedicado a Benjamin Constant, líder do movimento republicano, cuja casa com área arborizada expõe móveis, livros, objetos, fotografias e acervos de artes plásticas. A construção que abriga o Museu Chácara do Céu – antiga propriedade do empresário Raymundo Castro Maya, que se dedicou à vida cultural da cidade como mecenas e colecionador – foi projetada em 1957 pelo arquiteto modernista Wladimir Alves de Souza. Lá é encontrado acervo de obras de arte moderna, com destaques para Portinari, Di Cavalcanti, Guinard, Picasso, Matisse e Dalí; em pinturas, aquarelas e gravuras, o Brasil do século 19 é mostrado por viajantes como Debret e Taunay.

Caminhadas pelo bairro reservam surpresas como a que pode ser encontrada no acesso ao morro dos Prazeres, favela localizada na parte alta do bairro. Ali está um casarão construído no início do século 20, que pertenceu a familiares do militar Duque de Caxias. A construção foi restaurada de 1998 a 2000 e, desde então, funciona como um centro de exposições e atividades educativas e comunitárias mantido pela prefeitura. O Casarão dos Prazeres já foi cenário de filmes como *Macunaíma* (1969), dirigido por Joaquim Pedro de Andrade.

Bonde

O bonde de Santa Teresa é um símbolo do bairro e foi tombado pelo patrimônio histórico em 1984. Após a abertura da rua Cândido Mendes, a primeira que permitia o tráfego de carruagens rumo a Santa Teresa, em meados do século 19, passou a haver um número maior de construções no bairro e a necessidade de criar facilidades de acesso. Os primeiros bondes eram puxados por animais. O bonde movido a eletricidade foi inaugurado em 1896, passando sobre o antigo aqueduto da Carioca. No início era verde, mas passou a ser pintado de amarelo porque os moradores alegavam que o veículo ficava pouco visível em meio à vegetação do bairro. Desde 2011, após um grave acidente, a circulação do veículo está suspensa para ampla reforma.

Convento e Aqueduto

Antes da abertura da atual rua Cândido Mendes, na Glória, o acesso ao bairro ocorria por uma ladeira íngreme que levava ao convento de Santa Teresa, construído no século 18, por iniciativa de uma jovem chamada Jacinta Pereira Aires. No local existiu anteriormente uma velha ermida erguida à Nossa Senhora do Desterro, o que fez com que a região fosse conhecida inicialmente como morro do Desterro. O pequeno convento erguido, de estilo jesuítico, pertence à Ordem das Carmelitas Descalças e abriga religiosas que vivem isoladas. É considerado o marco inicial do bairro e a sua construção mais antiga. Outro marco de Santa Teresa é o aqueduto da Carioca, inaugurado no fim do século 18, conhecido como Arcos da Lapa. A construção foi erguida para solucionar o problema da falta d'água durante o Brasil-Colônia e é considerada a maior obra pública do período; por ele passava água da nascente do Silvestre até o largo da Carioca, desembocando em um chafariz de 16 bicas.

REFERÊNCIAS

http://pt.wikipedia.org/wiki/Santa_Teresa_(bairro_do_Rio_de_Janeiro)

http://mochilabrasil.uol.com.br/destinos/rio-de-janeiro-10-programas-mochileiros-em-santa-teresa

http://www.rio.rj.gov.br/web/riotur/exibeconteudo?article-id=157387

http://www.skyscrapercity.com/showthread.php?t=1394962

http://www.rioecultura.com.br/coluna_patrimonio/coluna_patrimonio.asp?patrim_cod=21

http://www.arqplant.com/Planejamento%20Ambiental%20Urbano/SANTA%20TERESA%20-%20BID.htm

http://portal.iphan.gov.br/portal/montarPaginaSecao.do;jsessionid=C8A07C68C0AB14EAB447EEA1E7BCAEF1?id=18111&retorno=paginaIphan

http://www.guiadasfavelas.com/?page_id=1126

www.sindetur.org.br

www.proturescola.com.br

http://oglobo.globo.com/rio/palacios-abrigam-de-condominio-escola-1-11212547

http://www.faperj.br/boletim_interna.phtml?obj_id=5762

NOTAS DO *SET*, POR DANIEL E JULIO HEY

Tem que ter estômago. Talvez uma das habilidades mais desenvolvidas do roteirista e diretor Guillermo Arriaga é esta: criar tramas (ou dramas, se preferirem) que batem no estômago. Suas histórias nunca são simples nem livres de cargas pesadas. Neste curta, o universo não poderia ser outro. A história envolve um acidente de carro e várias lutas clandestinas. Vendo desta forma, alguém poderia compará-lo com as inúmeras bobagens de ação produzidas em Hollywood. Aqueles filmes, em que não se conta cinco minutos sem uma briga ou um xingamento de mau gosto.

Seria um grande equívoco. Arriaga não é que nem esses aí. Tem uma enorme sensibilidade e compreensão humana. Por isso seus personagens são verdadeiros e têm motivações verdadeiras. Nenhum sentimento brota do nada. Quem sabe ele seja tão eficiente em lidar com temas não exatamente "leves", porque talvez sua vida foi bombardeada com alguns destes momentos. Ao colocar lutas clandestinas em seus filmes, por exemplo, este ambiente talvez apareça porque já fez parte da vida do roteirista. Arriaga já foi lutador clandestino, tempos atrás, no México. Dizem que a obra de um artista é sempre uma reverberação de sua própria vida. Como Fellini dizia, "Toda obra de arte é autobiográfica - A pérola é a biografia da ostra". Quem sabe seja por isso que Arriaga desenvolve tão bem estas histórias. Ele certamente tem estômago.

Set de filmagem

Estar dentro deste ambiente foi uma experiência. Tivemos o privilégio de acompanhar boa parte da preparação de produção, feita na base da conspiração: ensaios com atores, coreografias das lutas, decisões de produção, de pós-produção, logística, decupagem, elenco e arte. Toda a equipe envolvida era espetacular. Adrian Teijido foi o diretor de fotografia e maestro das duas câmeras Alexa que passeavam em sincronia pelo *set*, sempre registrando o que tinha de mais interessante por ali. Sua luz foi minimalista e realista. A linguagem do curta foi bem especial. Em praticamente todas as cenas foi usada câmera na mão. Alguns *takes* com *steady cam*, mas, pelo que vimos, nenhum tripé. A direção de arte foi incrivelmente bem trabalhada por Daniel Flaksman. Todo este trabalho resultou em uma estética visual excelente. Os protagonistas dessa história foram os atores Laura Neiva e Land Vieira. Entraram de cabeça na história e deram vida ao roteiro. Guillermo, como esperado, fez um belo trabalho.

Pós

Craig Wood, montador de *O chamado*, e da trilogia *Piratas do Caribe*, foi uma peça chave na transformação de imagens lindamente captadas em uma história.

Essa talvez seja a função mais mágica do cinema. Por justaposição, criar um universo onde as pessoas que assistem são capazes de simpatizar, torcer, e eventualmente até se emocionar por uma pessoa que eles conheceram minutos atrás.

O poder do ser humano de entrar em uma história é o que faz do cinema uma arte tão necessária. Aquela semana na sala de edição no Rio de Janeiro, regada a café e ar condicionado foi uma aula. Craig realmente tem sensibilidade para arquitetar o filme. Tendo participado das filmagens, o montador já previa o caminho que seguiria com o curta de Arriaga. Guillermo ganhou ainda mais meu respeito e admiração por ser um cara totalmente aberto e colaborativo. A todo momento me perguntava "Te gusta?".

A prova de que essa pergunta era realmente sincera foi quando, com muito respeito, respondi que existia uma cena no primeiro corte (*rough cut*) que não me agradava. Ele me perguntou o porquê. Respondi. Ele pensou por um instante e cortou do filme.

Essa foi uma das grandes lições que tirei dessa experiência.

Cinema é um processo colaborativo. Não adianta subir no pedestal e se achar mais do que alguém pelo fato de ser diretor. As pessoas estão ali para ajudar e, mesmo que você saiba exatamente aonde quer chegar, não pode estar fechado para pessoas que querem o melhor para o filme e que eventualmente serão capazes de contribuir efetivamente com o resultado.

E Guillermo tem toda a humildade e talento de um grande diretor.

Daniel e Julio Hey, 22 e 26 anos, são formados em Publicidade e Propaganda pela Universidade Positivo e, juntos, codirigiram e roteirizaram o curta-metragem "Qué Hablas Mi Amor" (http://www.imdb.com/title/tt3121384/?ref_=fn_al_tt_1), laureado com o prêmio de melhor direção no festival "Best Actors in a Film", em São Francisco - CA

O VAMPIRO DO RIO

Diretor: Sang-Soo Im
Com Tonico Pereira, Roberta Rodrigues

A história de Fernando, garçom de um restaurante turístico, dono de um grande segredo, e sua paixão por Isabel, uma mulher sensual que, para sustentar a filha, trabalha como prostituta.

SANG-SOO IM

A Coreia do Sul é uma das maiores potências cinematográficas do planeta. Poucos países produzem tantos filmes e conseguem uma resposta tão positiva das audiências locais, conseguindo manter uma indústria autossustentável, marcada por uma grande diversidade de gêneros. Há filmes coreanos de toda sorte: desde os que os que trazem um perfil comercial (em geral filmes de ação, comédias ou melodramas), até aqueles mais autorais, que transitam pelos festivais internacionais e circuitos de arte.

Um dos principais nomes do cinema coreano contemporâneo, Sang-Soo Im ocupa uma posição muito rara nesse panorama, pois seus filmes são capazes tanto de atrair o grande público (quase sempre figurando entre as maiores bilheterias da Coreia), como também transitam pelos maiores festivais internacionais de cinema, com boa aceitação da crítica especializada.

Essa circulação por terrenos distintos não é apenas estratégia de *marketing*, mas consequência direta do próprio gosto cinematográfico do diretor, um cineasta de forte expressão autoral que gosta de trabalhar por dentro das engrenagens da indústria e que, do ponto de vista da linguagem, procura subverter as convenções dos gêneros mais populares – sobretudo os melodramas e *thrillers*.

Seu terceiro longa-metragem, *A Good Lawyer's Wife* (*A boa esposa do advogado*, em tradução livre), por exemplo, ocupou o primeiro lugar nas bilheterias coreanas em seu fim de semana de estreia (em agosto de 2003) e, pouco depois, em setembro, participou da competição do Festival de Veneza, um dos mais importantes do mundo. O filme, sobre a paixão de uma dona de casa frustrada por um homem bem mais jovem, é como um mergulho nas entranhas e neuroses de uma família de classe média que pouco ficaria a dever a Nelson Rodrigues.

Nascido em Seul, em 1962, Sang-Soo Im começou a estudar sociologia, mas abandonou o curso para entrar na Academia Coreana de Cinema e Arte. Trabalhou como assistente de direção em várias produções até assinar seu primeiro longa, em 1998. A comédia *Chunyudleui jeonyuksiksah* (que em inglês recebeu o nome de *Girl's Night Out*, algo como *A noite das garotas*) chamou atenção principalmente por trazer diálogos francos sobre a sexualidade feminina.

Para realizar seu filme seguinte, *Tears* (*Lágrimas*, 2000), passou cinco meses em um distrito pobre de Seul, convivendo com adolescentes que fugiram de suas casas pelos mais diversos motivos. Todo rodado com uma câmera digital (miniDV), com um elenco de atores não profissionais, *Tears* participou dos festivais de Turim, na Itália, e Estocolmo, na Suécia.

Depois do sucesso de *A Good Lawyer's Wife* (2003), Sang-Soo Im debruçou-se sobre seu projeto mais polêmico, a comédia *The President's Last Bang*. O filme toca em uma ferida aberta da história da Coreia: o assassinato do presidente Park Cheng-hee pelo próprio serviço secreto coreano, em 1979. A repercussão, tanto na Coreia quanto internacionalmente, foi imensa. O filme participou da Quinzena dos Realizadores do Festival de Cannes e chegou a ser vendido para vários países do mundo. Mas o filho de Park Cheng-hee processou os produtores por difamação e conseguiu obter na justiça o corte de alguns minutos, que mostravam o funeral do presidente. Anos depois, em 2006, a justiça derrubou a decisão, mas manteve a condenação dos produtores, que precisaram pagar multa de cerca de US$ 100 mil à família do presidente.

Em seus dois filmes seguintes, Sang-Soo Im voltou ao melodrama com força total, realizando estudos contundentes sobre as relações entre dinheiro e poder na Coreia. *The Housemaid* (*A criada*, de 2010) é a refilmagem de um grande sucesso do cinema coreano de 1960, originalmente dirigido por Kim Ki Young. Sang-Soo Im atualizou a história para os dias de hoje e fez um filme, em suas próprias palavras, sobre "como pensam os ricos e como eles agem na Coreia". Em *Taste of Money* (*O gosto do dinheiro*, 2012), voltou ao mesmo universo, radicalizando ainda mais sua proposta. "Como *The Housemaid* era o *remake* de um filme muito conhecido, não pude ir muito longe do original e não consegui contar todas as histórias de que gostaria. *Taste of Money* nasce dessa frustração", afirmou. Os dois participaram da competição do Festival de Cannes.

Em *Rio, eu te amo*, Im Sango-Soo mais uma vez se debruça sobre o cinema de gênero (o filme de terror e a comédia) para apresentar sua própria visão do Rio de Janeiro e suas diferenças sociais.

ENTREVISTA

Qual é sua relação com o Rio de Janeiro? Já tinha estado na cidade antes?

O Rio de Janeiro fica do outro lado do mundo em relação à Coreia e tem uma cultura completamente diferente. Já tinha visitado a cidade duas vezes para participar do Festival do Rio. Não sei bem por que, mas me senti em casa. Uma sensação que nunca tive em outras cidades, como Nova York, Toronto, Paris ou Berlim. Foi esse sentimento que me motivou a participar do filme.

Qual foi sua inspiração para a história?

Em 2010, vim ao Festival do Rio mostrar *Housemaid* (*A criada*) e recebi o primeiro convite para trabalhar no filme *Rio, eu te amo*. Eu e alguns convidados do festival fomos ao Bar Luiz, onde fiquei observando os garçons velhos, vestidos de terno branco e gravata, nos servindo até tarde. Logo pensei sobre a vida dessas pessoas e foi quando imaginei o personagem principal, um vampiro carioca. Depois, fui convidado para visitar o cinema comunitário da favela do Vidigal, e assim pude observar o morro. Foi uma experiência inesquecível. Pensei que aquele garçom talvez pudesse morar no Vidigal, e achei que seria o local perfeito para a filmagem. Até agora meus filmes sempre abordaram a elite da sociedade, mas sempre tive vontade de filmar a vida das pessoas mais pobres, o que pude fazer no meu segmento de *Rio, eu te amo*.

Como foi escalar e dirigir um elenco brasileiro?

Eu não conhecia atores brasileiros, mas os produtores da Conspiração já tinham em mente alguns nomes e confiei neles. Acho que Tonico Pereira é louco desde o nascimento! Ele nasceu para ser ator. Como diretor, amo e respeito esse tipo de pessoa. Roberta Rodrigues é forte, *sexy* e inteligente. Nós tivemos pouco tempo de filmagem, infelizmente. Não sei se vou ter outra chance, mas gostaria de ter a oportunidade de fazer outro filme com ela.

Qual foi o maior desafio das filmagens?

Uma das minhas preocupações era a língua, mas acho que não tivemos problemas para nos comunicarmos durante a filmagem, pois falamos em inglês com as pessoas mais importantes, como o diretor de fotografia e a assistente de direção. Ao mesmo tempo, outra parte da equipe falava português, e aí não dava para entender nada. Mas foi interessante. Na Coreia, como entendo o que a equipe diz, acabava me preocupando com outros departamentos. Aqui no Brasil, como não podia entender tudo, pude me focar mais no meu trabalho.

Depois de tantas experiências aqui, como você definiria sua relação com o Rio?

Não sou uma pessoa sentimental. Não sei nem mesmo se amo Seul, onde moro. Mas tenho uma paixão pelas pessoas do Rio, do mesmo modo que tenho pelos moradores de Seul. Todos os integrantes da equipe ficaram na minha memória. Apesar de terem sido dois dias de trabalho, e sem poder entender a língua, me senti bastante confortável, como se estivesse trabalhando com esse time há mais de dez anos. Constatei que tal conforto se deve ao fato de que todas as atitudes, a paixão pelo trabalho e o jeito de trabalhar são semelhantes aos que observei na minha equipe coreana. O mais correto é dizer que estou apaixonado pelas pessoas que trabalham com cinema no Brasil.

LOCAÇÃO

VIDIGAL

A vista do mar a partir do morro do Vidigal, cenário principal do segmento de Sang-Soo Im, é considerada uma das mais belas da cidade. Situado na zona sul do Rio, em uma região considerada nobre, entre os bairros do Leblon e São Conrado, o Vigidal está na base da formação rochosa chamada morro Dois Irmãos, que atinge aproximadamente 533 metros de altitude. A parte alta do bairro, uma área conhecida como Arvrão, tem uma inacreditável vista para as praias do Leblon e de Ipanema, e também para a Lagoa Rodrigo de Freitas.

As terras onde hoje está o bairro do Vidigal pertenceram originalmente a monges beneditinos, que em 1820 as doaram ao major Miguel Nunes Vidigal, uma figura de enorme influência no Primeiro Império. O terreno ia das encostas do Morro Dois Irmãos até o mar. No fim do século 19, a Chácara do Vidigal, ali construída, foi vendida a outro proprietário. Apesar de a origem da favela do Vidigal ser oficialmente datada de 1940, a região começou a ser ocupada em 1911, quando foi inaugurada na região a primeira escola do bairro, o Ginásio Anglo-Brasileiro. Em 1922, com a construção da avenida Niemeyer, beirando todo o costão da pedra, mais moradores foram atraídos para o local, mas a grande expansão da favela deu-se no fim dos anos 1960, com o crescimento dos bairros de

Ipanema e Leblon. No fim da década de 1970, em plena ditadura militar, uma decisão de remover os barracos da parte baixa para a construção de um empreendimento de luxo enfrentou forte resistência dos moradores, que conseguiram apoio político e popular para que a área fosse desapropriada para fins sociais. A arquitetura do Vidigal é considerada um exemplo da diversidade carioca, sendo composta por barracos e casas privilegiadas. Nos últimos anos, a repressão ao tráfico armado de drogas e o aumento dos aluguéis na cidade têm atraído cada vez mais moradores e investidores de classe média e alta para o bairro.

Em 1986, quando a região ainda sofria com a presença de traficantes, o Vidigal passou a sediar o projeto Nós do Morro, criado pelo ator e jornalista Guti Fraga para dar acesso à arte e cultura para os moradores de todas as idades. Hoje o Nós do Morro tem inúmeras ramificações e é considerado um dos projetos de inclusão mais bem-sucedidos do país. Conta com cursos de formação variados, não só na área de teatro como cinema, e é aberto também a pessoas que não vivem no local. A atriz Roberta Rodrigues, que dá vida à personagem Isabel em "O vampiro do Rio", assim como vários outros atores, atrizes, cineastas e diretores em plena atividade no Rio de Janeiro, começou sua carreira no Nós do Morro.

REFERÊNCIAS

http://oglobo.globo.com/rio/vidigal-atrai-moradores-ilustres-ganha-status-de-favela-chique-8412639#ixzz3HFtvDRqV

http://oglobo.globo.com/rio/o-morro-do-vidigal-visto-do-alto-8434256#ixzz3HvSHVD7W

http://portalgeo.rio.rj.gov.br/armazenzinho/web/BairrosCariocas/main_bairro.asp?area=030

NOTAS DO *SET*, POR PAULA KIM

Alguns meses antes da filmagem, o pessoal da Conspiração entrou em contato comigo para ajudar o diretor Sang-Soo Im na pesquisa de roteiro. A ideia era sugerir ao diretor visitas a locais que pudessem ajudar a inspirá-lo e acompanhá-lo, para que ele pudesse entrar em contato com os cariocas, fazer perguntas, etc.

Antes disso, havia trabalhado como intérprete dele no Festival do Rio em 2012, o que foi importante, pois traduzi as entrevistas que ele deu a respeito do *Do-nui mat* [*Taste of money*] e essa "apresentação" inicial foi definitiva para que eu já fosse introduzida a questões importantes do diretor Im como autor e cineasta. Nesse processo me marcou a entrevista para o jornalista Luiz Carlos Merten, pois como ele já vira o diretor em 2010 em Cannes com *Hanyo* [*The housemaid*], foi direto ao ponto, perguntando sobre a visão do diretor. Desta forma, ficou claro não apenas o posicionamento do diretor Im em relação ao cinema como meio, mas a sua visão crítica do mundo. Uma coisa é apreciar obras de um diretor específico, outra coisa (muito melhor!) é ter a honra de ouvir esse realizador discorrer a respeito de uma sociedade. Nesse caso, da Coreia do Sul. Fiz pós-graduação em direção de filmes em Seul, então foi quase esclarecedor escutar seu posicionamento, tão crítico e certeiro em relação a elementos sociais que eu vivi durante três anos lá embaixo da pirâmide, como estudante, e entender como essas reflexões se encaixaram na maneira de contar relatos e imprimir os sons e imagens nos filmes do diretor.

Primeiro, ele queria ver índios. Depois, repensou seu argumento e quis visitar favelas. Achei interessante a perspectiva dele em relação a elas, de que lembravam alguns lugares de Seul. Seul tem diversos morros, e as pessoas que hoje são majoritariamente de classe média, inicialmente ocupavam essas regiões. Por mais tecnológica que a Coreia do Sul seja, para pedir comida *delivery* em 2009, na capital do país, lembro que o entregador, de moto, chegava na rua, telefonava para o meu celular e pedia referências. Isso porque a numeração ainda hoje não segue a ordem progressiva de distância, mas as casas são numeradas de acordo com a ordem de construção delas. A primeira construção da rua é 1. A segunda, que pode ser na outra extremidade, é a 2. E assim vai. Até hoje. Essas regiões, quando mais pobres, são chamadas de "dar--dong-nae", ou seja, "a vizinhança da lua", em referência aos morros à noite, mais próximos da lua do que o resto da cidade. Essa denominação eu não conhecia, o diretor Im me explicou.

Notei de início – e isso se manteve no decorrer de todo o processo, incluindo filmagens e montagem final - a clareza e a objetividade do diretor em não se perder, no trabalho, em discussões que não iam mudar o processo de realização. Aprendi, mais tarde, já bem perto das filmagens, que discussões só ocorriam com pessoas pontuais, que realmente tinham alguma influência na maneira do diretor pensar. E não eram discussõezinhas. A mesa pegava fogo, a(s) pessoa(s) se retirava(m) de cabeça quente, para depois voltar(em) e a argumentação continuar. E depois, tudo voltava aos assuntos de trabalho, como se nada tivesse acontecido.

Roteiro pronto, a Conspiração me chamou de novo ao Rio (ueba!). Definição das locações, escolha de *casting*, produção. Depois, finalmente, filmagens!

Foi um processo bem rico, pois no geral, aprendemos que para escrever sobre pessoas é preciso ter vivido a vida delas. Mas isso depende do filme que você quer realizar. Eu acho que "O vampiro do Rio" tem sim personagens, mas repensando agora em todo o processo e no comportamento do diretor, noto que ele deu as personagens para os atores Tonico Pereira e Roberta Rodrigues, e se focou em dirigir um tema e uma mensagem que são comuns a pessoas que não estão no topo da pirâmide tanto no Rio de Janeiro como em Seul.

Cheguei a essa conclusão agora, tendo que repensar todo o processo da pesquisa à finalização, e vendo o resultado do curta no longa. Posso afirmar, portanto, que o silêncio do diretor em relação a nós, equipe, foi refletido, planejado e executado profissionalmente. Ao contrário do que se pensa em alguns lugares, os coreanos não são nada silenciosos... Todos me perguntavam – todos! – o que ele dizia sobre o trabalho da equipe, e sei que alguns pensavam que eu estava sabendo mais do que eles por entender coreano. Eu também queria mais interação, queria aprender por meio de explicações mais óbvias e gratuitas: *faço isso para chegar em X, coloco aquilo para inferir que Y...* Cheguei a comentar com ele sobre isso, meio perdida. Mas ele deu uma risadinha sozinho e disse:

"*Com os atores coreanos eu discuto e converso. Mas aqui, mantenho meu silêncio.*"

Agora entendi!

O segmento "O vampiro do Rio" pareceu ser um filme mais fácil no roteiro, mas não tem nada de gratuito no produto final. Ele reflete bem a visão do diretor, que não é a visão que ele tem do Brasil nem da Coreia. É de mundo mesmo.

Paula Kim, 31, é formada em Audiovisual pela ECA-USP, pós-graduada em Direção de Filmes pela K-Arts e diretora dos curtas "Sexo Explícito 1&2" e de "26, Best Korean Girl". Site: www.paulakim.com.br

PAS DE DEUX

Diretor: Carlos Saldanha
Com Rodrigo Santoro, Bruna Linzmeyer

Enquanto ensaia um novo espetáculo, um casal de bailarinos entra em crise. Ele recebeu um convite para dançar no exterior, mas hesita em aceitar a proposta, que colocará seu relacionamento em xeque. Faltando poucos minutos para entrar no palco, a discussão agrava-se. A única saída é enfrentar o conflito com a dança.

CARLOS SALDANHA

Carioca de 1968, Carlos Saldanha sempre gostou de desenhar, desde pequeno. Na adolescência, desenvolveu também um fascínio pela computação. Quando chegou a hora de escolher um curso universitário, acabou optando por aquele que apontava para um futuro mais seguro: a informática. Quando se formou, no entanto, sentiu falta da arte. Nessa mesma época, começavam a espalhar-se pela televisão comerciais e vinhetas que usavam a computação gráfica. Saldanha vislumbrou, então, a possibilidade de conciliar suas duas paixões. Em 1991, mudou-se para Nova York e matriculou-se em um curso de pós-graduação em animação gráfica na School of Visual Arts, onde realizou dois curtas que chamaram atenção: *The Adventures of Korky, The Corkscrew* (1992) e *Time For Love* (1993) – este último uma graciosa história de amor entre dois bonecos de madeira que percorreu festivais de animação do mundo inteiro e ganhou dezenas de prêmios.

Um de seus professores, Chris Wedge, reconheceu ali um grande talento e convidou-o para fazer parte do time de animadores da (ainda) pequena companhia que ele havia ajudado a fundar alguns anos antes: a Blue Sky. Saldanha começou como animador de dezenas de comerciais. Foi também supervisor de animação de três longas-metragens que recorriam a efeitos de computação gráfica: a fábula infantil *Um passe de mágica* (*A Simple Wish*, 1997), a comédia *Joe e as baratas* (*Joe's Apartment*, 1996), e o hoje cultuado *Clube da luta* (*Fight Club*, 1999), de David Fincher. Em 1997, a Blue Sky foi comprada pela Fox, ganhando fôlego e capital para produzir longas-metragens de animação digital, um terreno até então dominado pelos estúdios Pixar. Saldanha codirigiu com Chris Wedge os dois primeiros: *A era do gelo* (2002) e *Robôs* (2005).

Acompanhando as aventuras de três personagens pré-históricos (um tigre, um mamute e uma preguiça), intercaladas com os esforços atrapalhados de um pequeno esquilo para não perder a sua avelã, *A era do gelo* faturou mais de US$ 380 milhões nas bilheterias do mundo, tornando-se um exemplo da principal tendência do cinema hollywoodiano hoje (os filmes para toda a família) e dando início a uma bem-sucedida franquia. Saldanha dirigiu *A era do gelo 2* (2006, mais de US$ 860 milhões de faturamento mundial) e dividiu as responsabilidades com Mike Thurmeier em *A era do gelo 3* (2012, US$ 870 milhões de bilheteria ao redor do mundo). Assinou, também, o curta *A aventura perdida de Scrat* (*Gone Nutty*), estrelado pelo esquilo Scrat, que recebeu uma indicação ao Oscar de melhor animação.

Antes de seu segmento em *Rio, eu te amo*, Saldanha pôde demonstrar seu amor pela cidade na animação *Rio*, que chegou aos cinemas em abril de 2011 e também se confirmou um grande sucesso mundial – com bilheterias particularmente expressivas no Brasil, é claro, onde o filme foi visto por mais de seis milhões de espectadores. *Rio* tem como protagonista uma arara azul macho que não sabe voar, pois foi criada em uma gaiola. Ela precisa voltar para o Brasil para encontrar a única arara azul fêmea sobrevivente, e assim salvar a espécie. O filme ganhou uma continuação, lançada em 2014, dessa vez tendo como cenário principal a Amazônia.

Em *Rio, eu te amo*, Carlos Saldanha assina o segmento *Pas de deux*, história de dois bailarinos que vivem uma crise em sua relação, filmado no Theatro Municipal.

ENTREVISTA

Como você entrou no projeto do filme *Rio, eu te amo*?

Fui convidado pelo pessoal da Conspiração Filmes. Já tinha ouvido falar da série *Cities of Love* e fiquei muito entusiasmado com a ideia. Apesar de já ter feito filmes sobre o Rio, todos foram animações, esse é meu primeiro *live action*. Um novo desafio, muito estimulante em vários aspectos.

Sua ideia sempre foi fazer um filme em *live action*?
Não. Quando fui convidado, tinha essa pergunta em mente: será que eles esperam de mim uma animação? Eu mesmo tinha dúvidas. Mas, em função do curto período e das restrições do projeto, que segue muitas regras, concluí que um filme em *live action* seria o melhor formato. Ao mesmo tempo, tive a ideia de uma história em que poderia incluir minha assinatura, com uma pequena parte animada. E foi assim que tudo começou a tomar corpo.

Como surgiu a história?
Ela veio aos poucos, em pedaços. Meu segmento se passa no Theatro Municipal do Rio e fala de dois dançarinos que são também namorados. Faltam apenas cinco minutos para eles subirem no palco e estão no meio de uma grande crise na relação. Eles precisam tomar uma decisão importante. E então vem a dança, o que permite que eles reencontrem seu equilíbrio, possam se reconectar e

se apaixonar novamente. Minha premissa foi contar uma história de amor. Na época em que fui convidado para o projeto, por coincidência, o grupo Corpo se apresentou em Nova York, e me apaixonei pelo trabalho deles. Quis fazer também algo em torno da dança.

Foi sua primeira experiência em *live action*?

Já filmei com atores antes, mas apenas em comerciais. Esse foi meu primeiro filme de cinema em *live action*. Foi também a primeira vez em que trabalhei com cinema no Brasil (até agora só tinha feito filmes nos Estados Unidos). Mas construí uma história que me permitiria fazer um pequeno trecho em animação, que é minha marca registrada.

Como foi trabalhar com a roteirista Elena Soárez?

Tive a ideia, mas sou incapaz de escrever. Posso esboçar minhas ideias em algumas frases, mas não consigo escrever diálogos ou desenvolver situações em forma de roteiro. Como não conheço muita gente no Brasil, pedi ao pessoal da Conspiração uma indicação e eles sugeriram Elena Soárez. Vi alguns filmes que ela escreveu e adorei. Elena é uma escritora apaixonada. Quando me mandou o primeiro tratamento, já aprovei. Ela entendeu totalmente o que eu queria fazer.

E como foi o trecho em animação?

Não faz muito tempo, fui a um festival só de filmes animados e vi trabalhos realmente inspiradores, alguns utilizando sombras. Isso me chamou atenção. Era algo suficientemente simples para que eu pudesse fazer em um curto espaço de tempo. Achei que poderia alcançar um resultado interessante com essas técnicas. É uma animação diferente, não é meu estilo mais habitual de animar, portanto foi um ótimo exercício. Como queria envolver o maior número de profissionais brasileiros no processo, convidei o pessoal da Koi Factory, um ótimo estúdio de animação do Rio, com quem já tinha trabalhado, para trabalhar na parte animada do filme.

Como você chegou à coreografia?

Depois de ter visto o grupo Corpo em Nova York, queria muito que eles participassem do segmento. Eu e o produtor Leonardo Monteiro de Barros fomos até o estúdio deles e, enquanto conversávamos sobre o projeto, um dos integrantes me falou dessa coreografia feita pela Cassi

Abranches, de exatamente três minutos (o tempo que eu pensava para a dança no filme), com música de Villa-Lobos (um músico brasileiro, que se encaixa perfeitamente com a energia do Theatro Municipal). Vi a coreografia e me apaixonei. Fiz um teste com uma projeção em sombra sobre uma tela e a coreografia ficou linda. Foi uma feliz coincidência, como se todos esses fatores estivessem lá esperando que eu chegasse para serem usados.

Como foi a escolha dos dois atores para viver os bailarinos?

Rodrigo Santoro era minha primeira escolha, porque, além de ser ótimo ator, tem o corpo de um bailarino. Ao mesmo tempo, Diogo de Lima, o dançarino do *pas de deux*, tinha a mesma estatura corporal de Rodrigo. O próximo passo seria achar uma atriz que tivesse um corpo semelhante ao de Cassi. Foi quando os diretores de elenco me apresentaram Bruna Linzmeyer.

Como foi o trabalho com a equipe de transição?

Uma das minhas questões em relação ao projeto era exatamente como os segmentos seriam conectados, já que cada diretor teve a liberdade de criar suas próprias histórias e escolher seu próprio elenco. Encontrei Vicente Amorim, o diretor das transições, e foi muito interessante conhecer sua visão. Ele estava conversando pessoalmente com cada diretor para encontrar formas de costurar as histórias de maneira que não parecesse muito intrusivo. Li o roteiro da transição do meu episódio e achei muito sutil. Conseguiu capturar a essência dos personagens. Foi uma forma suave e inteligente de trabalhar o filme como um todo.

Há quanto tempo você vive fora do Rio de Janeiro e qual a importância da cidade na sua vida?

Moro no exterior há mais de 22 anos, já tenho mais tempo de vida fora do que no Brasil. Mas, apesar de estar longe há tanto tempo, ainda tenho uma conexão muito forte. Venho todo o ano, minha esposa também é brasileira, e, apesar de meus filhos terem nascido nos Estados Unidos, são muito brasileiros também. Falamos português em casa, temos uma casa no Rio, estamos sempre por aqui. No fundo, essa é minha grande história de amor com a cidade: consegui passar o amor pelo Rio de Janeiro para meus filhos, que não são cariocas de nascimento, mas de coração. Quando eu os vejo no Rio, curtindo e amando do jeito que amo, essa é uma grande prova do amor que tenho pela cidade.

LOCAÇÃO

THEATRO MUNICIPAL

Construção

A campanha do autor teatral Arthur Azevedo, lançada em 1894, para a construção de um teatro à altura da capital da nação, somada à conjuntura de reforma urbanística implementada por Francisco Pereira Passos no Rio de Janeiro, criaram atmosfera propícia para que o Theatro Municipal fosse erguido.

Em 1903, nomeado pelo presidente Rodrigues Alves, o prefeito Pereira Passos lançou edital com concurso para a apresentação de projetos para a realização do teatro. A construção foi resultado da fusão de dois projetos: o "Áquila", pseudônimo do engenheiro Francisco de Oliveira Passos, filho de Pereira Passos, e o "Isadora", pseudônimo do arquiteto francês Albert Guilbert, vice-presidente da Associação dos Arquitetos Franceses. O desenho final do prédio foi inspirado no da Ópera de Paris, construída por Charles Garnier. As obras tiveram início em janeiro de 1905, com o revezamento de 280 operários em dois turnos de trabalho. Para decorar o edifício foram chamados os mais importantes pintores e escultores da época, como Eliseu Visconti, Rodolfo Amoedo e Henrique Bernardelli, além de artesãos europeus para fazer vitrais e mosaicos.

O estilo do teatro é eclético, calcado no neoclássico e todo o material usado em sua construção foi importado. Com a presença do então presidente Nilo Peçanha, contando com o poeta Olavo Bilac como orador, que pronunciou seu discurso em francês, foi inaugurado o grande teatro, de frente para a praça Floriano (que mais tarde seria conhecida como Cinelândia), em julho de 1909, com capacidade para 1.739 espectadores.

Reformas

Desde sua abertura, em 1909, o Theatro Municipal passou por quatro reformas. Em 1934, sua capacidade foi ampliada para 2.205 lugares. Posteriormente, com algumas modificações, chegou-se a 2.361 lugares. Mais uma vez, em 1975, passou por obras de restauração e modernização, tendo sido reaberto em março de 1978. Em 1996, teve início a construção do edifício anexo, que passou a abrigar os ensaios para os espetáculos e escritórios administrativos. Em 2008, em comemoração ao centenário do teatro, começou uma ampla reforma e restauro. O Theatro Municipal foi reaberto em maio de 2010, após 18 meses fechado, tendo recebido 219 mil folhas de ouro, 57 toneladas de cobre, 1.500 novas luminárias e mais de cinco mil lâmpadas. O estilo original foi mantido, tendo sido restaurados vitrais, pinturas, sistema de ar condicionado, maquinário, instalações elétricas e hidráulicas.

Espetáculos

No histórico do Theatro Municipal está a estreia da peça *Vestido de noiva*, de Nelson Rodrigues, em 1943; a comemoração dos 50 anos da Bossa Nova, em 2008, com João Gilberto de volta ao palco após 14 anos sem fazer *show*, e a apresentação, em 2003, da versão do dramaturgo Gerald Thomas para o espetáculo *Tristão e Isolda*, de Wagner, com a sua polêmica reação às vaias da plateia, quando abaixou as calças e mostrou as nádegas.

REFERÊNCIAS

http://www.theatromunicipal.rj.gov.br/

http://vejario.abril.com.br/materia/servicos/dez-curiosidades-theatro-municipal-2/

http://www.cultura.rj.gov.br/apresentacao-espaco/theatro-municipal-do-rio-de-janeiro

http://rio-curioso.blogspot.com.br/2009/10/theatro-municipal-inauguracao.html

http://www.eliseuvisconti.com.br/teatro_primeiroato.htm

http://www.maisrio.com.br/artigo/265_theatro-municipal-do-rio-de-janeiro.htm

http://g1.globo.com/rio-de-janeiro/fotos/2010/05/theatro-municipal-reabre-apos-reforma.html

INÚTIL PAISAGEM

Diretor: José Padilha
Com Wagner Moura, Cleo Pires, Caio Junqueira

Durante um voo de asa-delta sobre a cidade do Rio de Janeiro, um homem que acaba de sofrer uma desilusão amorosa se aproxima de um de seus mais famosos ícones, a estátua do Cristo Redentor, e com ela tem uma conversa franca.

JOSÉ PADILHA

Em julho de 2007, três meses antes de sua data de estreia oficial, *Tropa de elite*, de José Padilha, vazou para o mercado pirata. Uma versão ainda não totalmente finalizada do filme começou a circular ilegalmente, sendo vendida em DVDs nas barraquinhas de camelôs país afora e circulando em arquivos compartilhados pela internet. Apesar de ser impossível contabilizar os números da pirataria, em pouco tempo ficou evidente que o filme havia se tornado um fenômeno. "Pede pra sair", uma das frases ditas pelo protagonista do filme, caíra na boca do povo.

Tropa de elite estreou em setembro e terminou sua carreira nos cinemas com 2,7 milhões de espectadores, mas pesquisas encomendadas pelos produtores davam conta de que pelo menos 11 milhões haviam visto o filme. Três anos depois, sua continuação, *Tropa de elite 2 – O inimigo agora é outro* (desta vez finalizado e lançado na mais rigorosa segurança, sem dar chance ao mercado pirata), estreou em outubro de 2010 e terminou sua trajetória no mercado cinematográfico com exatamente 11 milhões de ingressos vendidos (e R$ 102 milhões de receita nas bilheterias). Com esses números, tornou-se o filme brasileiro mais visto da história, à frente de *Dona Flor e seus dois maridos*.

Tropa de elite confirmou aquilo que *Cidade de Deus* já havia apontado: em um panorama dominado pelas comédias e biografias musicais (os gêneros mais bem-sucedidos do cinema brasileiro recente), havia também espaço para filmes de ação sobre a complexa questão da violência urbana no país. A trajetória de Capitão Nascimento, policial do Batalhão de Operações Policiais Especiais (interpretado por Wagner Moura), que tenta manter a integridade em meio ao combate ao tráfico nas áreas mais pobres do Rio de Janeiro e a corrupção na polícia militar, tornou-se um fenômeno que transcendeu o cinema, provocando discussões na mídia, nas universidades, nos elevadores e nas mesas de bar.

Oito anos antes de *Tropa de elite*, José Padilha já havia realizado um filme de dimensão menor, mas que também provocou um imenso impacto na sociedade brasileira. Construído como um suspense de tirar o fôlego, o documentário *Ônibus 174* (primeiro longa-metragem para cinema de Padilha, de 2002) recriou o sequestro de um ônibus da linha 174, por um passageiro armado, que ocorreu em junho de 2000, na zona sul do Rio. Mais do que isso, contou a história do sequestrador, Sandro do Nascimento, um sobrevivente da chacina da Candelária, em 1993 – um dos mais sombrios episódios da história de violência do Rio, quando menores de rua foram atacados e mortos por um grupo de mascarados.

Nascido no Rio de Janeiro, em 1967, José Padilha estudou administração de empresas na PUC e passou um tempo na Inglaterra, onde estudou economia política, literatura inglesa e política internacional na Universidade de Oxford. A paixão pelo cinema, somada à sua focada educação formal, tornaram Padilha um cineasta-produtor, que atua em várias frentes – cuidando desde a captação de recursos para o filme até seu lançamento, mas também com mão firme no roteiro e na direção.

Em 1997, fundou com o fotógrafo e diretor Marcos Prado a Zazen Produções, cujo primeiro longa foi o documentário dirigido pelo inglês Nigel Noble *Os carvoeiros* (*The Charcoal People*), selecionado para o Sundance Film Festival, nos Estados Unidos. Pela Zazen, Padilha também produziu o documentário *Estamira* (2004) e o filme de ficção *Paraísos artificiais* (2012), ambos dirigidos por seu sócio, Marcos Prado, além de ter dirigido outros dois documentários: *Garapa* (2009), sobre a fome no nordeste brasileiro, e *Segredos da tribo* (2010), uma contundente crítica à atuação de antropólogos que pesquisaram os índios ianomâmis nos anos 1960 e 70 no Brasil.

Apesar de não ter repetido a repercussão internacional de *Cidade de Deus*, *Tropa de elite* ganhou o Urso de Ouro no Festival de Berlim de 2008 e chamou a atenção da revista *Variety*, que incluiu Padilha na lista dos "10 directors to watch" ("10 diretores a se prestar atenção") deste mesmo ano.

Em 2014, o cineasta lançou seu primeiro filme falado em inglês e produzido por um grande estúdio de Hollywood (a Sony Pictures) – *RoboCop*, uma refilmagem do clássico da ficção científica de 1987, dirigido por Paul Verhoeven. Padilha atualizou a história e conseguiu discutir várias questões que estão presentes também em seus outros filmes, principalmente nos dois *Tropa de elite*.

Para seu segmento do filme *Rio, eu te amo*, José Padilha fez uma carta ao mesmo tempo amorosa e crítica ao Rio de Janeiro, com suas belezas físicas e mazelas sociais.

ENTREVISTA

Como você se envolveu no projeto *Rio, eu te amo*?

Fui convidado por Dan Klabin bem no princípio, quando a Conspiração ainda não tinha entrado no projeto. Na ocasião, os produtores me pediram para escolher uma locação. Optei pela Pedra Bonita no mesmo dia.

Qual foi sua inspiração para o segmento?

Queria filmar uma história que mostrasse o contraste entre a incrível beleza física do Rio de Janeiro e suas inúmeras mazelas. Para isto, logo imaginei que meu personagem principal seria um voador, um cara que tivesse um contato íntimo com a beleza estética da cidade, mas que se sentisse incomodado com as suas mazelas. Chamei então o arquiteto e escritor Otávio Leonídio para fazer o roteiro. Juntos, criamos a premissa de um voador que, desiludido e enlouquecido por conta de uma incrível dor de cotovelo, resolve voar até o Cristo Redentor para conversar com ele sobre o Rio...

Wagner Moura, seu parceiro em Tropa de Elite e Tropa de Elite 2, foi a primeira escolha para atuar no filme?

Chamei o Wagner primeiro, e depois a Cleo Pires e o Caio Junqueira, com quem já havia trabalhado em *Tropa de elite*. O Redentor não precisei chamar. Ele está sempre disposto a ajudar nas boas causas.

As filmagens contaram com um cronograma apertado, de apenas dois dias. Como buscou soluções para contornar o tempo curto?

Simplificando o roteiro inicial, improvisando e rezando para que o tempo colaborasse com nossos voos de asa-delta e com a continuidade de luz. Até hoje não sei como conseguimos fazer este curta em dois dias.

O filme conta com vários efeitos digitais para simular o voo sobre o Rio. Como foi esse trabalho específico?

O trabalho foi feito pela equipe de efeitos visuais da Conspiração, com a valorosa ajuda do Rui Marra, legendário voador carioca, que além de nos ajudar a imaginar uma forma de "fingir" que o Wagner estava, de fato, voando de asa-delta, foi também seu dublê de voo.

Pode falar um pouco sobre a escolha da música, "Inútil paisagem", de Tom Jobim?

"Inútil paisagem" canta as belezas da cidade do ponto de vista de alguém que sofre de um amor não correspondido. Acho que todo carioca, de um jeito ou de outro, tem esta relação com a cidade em que mora. Ama o Rio de

Janeiro pela sua beleza, mas sofre porque a cidade não corresponde a este amor o tanto quanto poderia corresponder.

Qual sua história de amor com o Rio de Janeiro?

O meu amor pelo Rio está implícito nos filmes que fiz na cidade. Desde *Ônibus 174* e *Estamira* (de Marcos Prado), sempre tentei produzir filmes que mostrassem os problemas do Rio. Não com o objetivo de depreciar a cidade, mas para exercer um espírito crítico que é próprio dos cariocas. Acho que a crítica constante é a única alternativa que temos para pressionar nossos administradores a trabalhar de forma séria e honesta, de forma que o Rio de Janeiro volte a ser uma cidade digna da própria beleza.

LOCAÇÕES

CRISTO REDENTOR E PEDRA BONITA

360 graus

Um dos principais ícones do Rio de Janeiro, a estátua do Cristo Redentor foi erguida no morro do Corcovado, a

710 metros do nível do mar, localizado no Parque Nacional da Tijuca. Seu mirante garante vista panorâmica da cidade, na qual se destacam Pão de Açúcar, Baía de Guanabara, Lagoa Rodrigo de Freitas, as praias de Copacabana e Ipanema, a ponte Rio-Niterói, o Jóquei Clube, o estádio do Maracanã, as montanhas da Serra do Mar, entre outros.

Nas imediações do monumento, há importantes pontos turísticos da cidade, como a estrada das Paineiras e o bairro de Santa Teresa. O acesso atualmente se dá pelo trem do Corcovado e por meio de um sistema de vans credenciadas. Desde 2003, após reforma, conta com elevadores e escadas rolantes que garantem acessibilidade facilitada. A partir de 2007, passou a estar entre as Sete Maravilhas do Mundo contemporâneo (ainda que a Unesco, órgão das Nações Unidas responsável pelo Patrimônio Histórico da Humanidade, não reconheça oficialmente a eleição).

História

O Cristo Redentor foi inaugurado em 12 de outubro de 1931, dia de Nossa Senhora de Aparecida. Além do morro do Corcovado, foram cogitados para receber a estátua o Pão de Açúcar e o morro de Santo Antônio (localizado no

Centro, tendo desaparecido quase que totalmente entre o fim dos anos de 1950 e o início dos anos de 1960). Em 1859, o padre Pedro Maria Boss sugeriu à princesa Isabel que construísse um monumento religioso no alto do Corcovado. Somente em 1921 a ideia foi retomada, em comemoração ao centenário da independência do Brasil. Em 1923, foi realizado concurso para a escolha do monumento a ser erguido.

Estátua

O Cristo Redentor tem 38 metros de altura, sendo oito metros de pedestal e 30 metros de estátua. A largura entre uma mão e outra é de 30 metros e pesa 1.145 toneladas. O monumento é considerado o maior símbolo *art déco* do mundo. O projeto foi executado pelo engenheiro Heitor da Silva Costa, a partir de desenho de Carlos Oswald. A escultura foi executada pelo francês Paul Landowski, sendo que o rosto da estátua foi criado pelo escultor romeno Gheorghe Leonida.

A estrutura é de concreto armado e o revestimento é de triângulos de pedra-sabão (tesselas). A estátua foi trazida da França para o Brasil em pedaços. Para levar as partes ao alto do morro, algumas medindo mais de três metros de comprimento, foi utilizada a estrada de ferro do Corcovado.

PEDRA BONITA

A Pedra Bonita, com altitude de 696 metros, oferece vista de São Conrado, da Barra da Tijuca e de partes da zona sul. Em frente, está a formação rochosa da Pedra da Gávea, conhecida como Cabeça do Imperador. Desde 1967, foi incorporada ao Parque Nacional da Tijuca.

No fim da estrada de acesso à Pedra Bonita foi construída, na década de 1970, uma rampa para voo de asa-delta e parapente. O arquiteto Sérgio Bernardes era proprietário do terreno da Pedra Bonita na época e foi o responsável pela construção da estrada que dá acesso à rampa até os dias de hoje. Sua intenção primeira era construir uma residência no local, mas a obra foi embargada pelas autoridades. O destino dos voos, na maioria das vezes, é o pouso na praia do Pepino, em São Conrado. Os que não são adeptos do voo livre visitam o local para apreciar os saltos, a vista, fazer trilha de fácil acesso e/ou escaladas de até 155 metros.

REFERÊNCIAS:

http://www.estadao.com.br/infograficos/os-detalhes-da-estatua-do-cristo-redentor,149250.htm

http://mundoestranho.abril.com.br/materia/como-foi-construido-o-cristo-redentor

http://pt.wikipedia.org/wiki/Cristo_Redentor

http://www.rio.rj.gov.br/web/portaldoservidor/exibeconteudo?id=5013051

http://www.etrilhas.com.br/pt/trilhas-cariocas/rio/trilha-da-pedra-bonita/

http://www.terrabrasil.org.br/p_bonita/pbonita.htm

http://www.terrabrasil.org.br/noticias/pnt_indice.htm

http://www.ahistoria.com.br/do-voo-livre/

http://www.musicaeletronicabrasileira.com/index.php/men-rod-saude/145-o-voo-livre-no-brasil

NOTAS DO *SET*, POR FERNÃO BRACHER

Antes de mais nada queria apenas deixar algo bem claro: foi um privilégio enorme participar de um filme como *Rio, eu te amo*. Eu sou formado em faculdade de cinema e estou longe de ser um virgem de *set* de filmagem, mas ver o Padilha atuando foi uma experiência muito gratificante.

Algo que me chamou muito a atenção no estilo do Padilha foi a sua atuação dentro da equipe como um todo. Sua postura se assemelha àquela de um administrador de empresas, pois ele tem uma visão muito prática sobre o exercício da direção de um filme. Ele se faz presente para a equipe inteira, sempre se mantendo disponível para qualquer um que tenha alguma dúvida.

O que me aliviou muito ao conhecê-lo foi perceber que ele é também uma pessoa humilde. Vai saber, né? O indivíduo entra para o estrelato, de repente está Hollywood, com seu nome em várias mídias. A fama pode mudar as pessoas. Claro que não conhecia o Padilha antes da fama, então o que falarei agora se encontra no campo da suposição. Mas pela maneira que ele lidava com sua equipe, com irreverência e sem se colocar numa posição superior, diria que a fama parece não ter mudado a sua forma de trabalhar.

Há um outro aspecto que acho interessante ressaltar na forma de trabalho do Padilha, algo que acho essencial para um bom diretor: saber pedir. Isso não quer dizer saber pedir com educação. Isso é imprescindível para qualquer tipo de contato social que qualquer pessoa pretenda ter em qualquer momento da vida. No contexto do filme, saber pedir é entender o que ele precisa dos outros integrantes da equipe para que sua visão possa se concretizar. Para tanto é necessário ter uma visão macroscópica de todo o processo criativo e uma atenção micro com cada membro da equipe. Lembro-me de ver o Padilha junto ao especialista em pós-produção olhando o *video-assist* da cena em que Wagner Moura está na asa-delta. Neste momento Padilha precisava saber, dentro das possibilidades do profissional de pós-produção, se era possível recortar Wagner Moura e a asa-delta deste plano para inseri-los num outro plano. Como o Padilha é uma pessoa que tem um domínio ao menos teórico de todas as etapas do processo produtivo de um filme, ele sabia o que era possível e o que era impossível de fazer. Ele precisava apenas da confirmação do especialista.

Enfim, tudo isso para dizer que foi um prazer enorme participar desse *set* de filmagem e conhecer de perto o trabalho de um grande nome do cinema nacional. Essa experiência me ajudou a perceber que tipo de profissional eu quero ser no mercado. Uma pessoa que, ao mesmo tempo que é humilde e não tem problema em pedir ajuda aos outros, é muito segura da sua visão criativa e sabe coordenar muito bem uma equipe.

Fernão Bracher, 26 anos, formou-se em cinema pela FAAP (SP) em 2014. Possui formação em fotografia, tendo trabalhado em diversos curtas durante a graduação.

O MILAGRE

Diretora: Nadine Labaki
Com Nadine Labaki, Harvey Keitel, Cauã Salles

Dois atores de fama internacional, que participam de uma filmagem no Rio, esbarram com um menino que acredita receber telefonemas de Jesus. Logo eles vão entender que o tal "Jesus" não é bem quem o garoto está pensando.

NADINE LABAKI

A atriz e cineasta Nadine Labaki é um dos raros talentos femininos a despontar na cena cinematográfica contemporânea do Oriente Médio. Nascida no Líbano, em 1974, ela cresceu durante a guerra civil que se abateu sobre o país de 1975 a 1990. Por conta disso, pouco saía de casa, e passava boa parte do tempo diante da televisão, assistindo aos filmes alugados na locadora da vizinhança. "Era o escape perfeito para a violência que corria lá fora. Em pouco tempo, já sabia o que queria fazer: contar histórias e realidades diferentes da minha."

Nadine Labaki graduou-se em estudos audiovisuais na Universidade de Saint Joseph, em Beirute, e seu curta-metragem de formatura (*11, Rue Pasteur*, de 1997) foi selecionado para a Bienal realizada pelo Instituto do Mundo Árabe, em Paris, de onde saiu com o prêmio principal.

Em 2005, ela foi selecionada para o seleto programa de residência oferecido pelo Festival de Cannes a jovens talentos de todo o mundo. Passou seis meses em Paris, onde desenvolveu o projeto de *Caramelo*, que se tornaria seu primeiro longa-metragem como diretora. Crônica sobre cinco mulheres que trabalham em um salão de beleza em Beirute, *Caramelo* lida com questões como amor, sexualidade e tradição de forma ao mesmo tempo local e universal. Labaki interpreta, ela mesma, uma das personagens centrais: uma mulher que tem um romance com um homem casado.

A *première* mundial aconteceu em 2007 na Quinzena dos Realizadores, a principal mostra paralela do Festival de Cannes, onde o filme foi recebido com críticas altamente positivas e acabou sendo vendido para o mundo todo, inclusive o Brasil.

Em 2008, depois de quase 20 anos de paz, a guerra voltou ao Líbano. "Em poucas horas a cidade foi tomada por homens encapuzados e armados. O conflito durou apenas algumas semanas, mas me dei conta de como a paz é frágil e de como qualquer coisa é uma boa desculpa para reiniciar a guerra. Nessa mesma época, descobri que estava grávida e fiquei pensando: que faria para evitar que meu filho pegasse em armas?" Desta angústia nasceu a ideia de seu segundo longa-metragem, *E agora, aonde vamos?*, um filme que se passa em uma pequena cidade onde uma igreja e uma mesquita foram construídas lado a lado. Quando os homens ameaçam iniciar uma guerra motivada por razões religiosas, as mulheres interferem para evitar o conflito. Apesar da seriedade do tema, o tom é de comédia, com diálogos espirituosos e mensagem pacifista.

E agora, aonde vamos? foi filmado em três cidades diferentes do interior do Líbano, com um elenco formado principalmente por não atores. Como em *Caramelo*, contou também com a própria diretora no elenco. Quando ficou pronto, em 2011, o filme levou Labaki de volta ao Festival de Cannes, desta vez na mostra Um Certo Olhar, que faz parte da programação oficial, e acabou se confirmando mais um sucesso de vendas mundial.

Nadine Labaki é casada com o músico Khaled Mouzanar, autor da trilha sonora da maioria de seus filmes – inclusive de seu segmento em *Rio, eu te amo*, em que a atriz e diretora mais uma vez experimenta a mistura entre atores e não atores. Além de estar por trás e à frente das câmeras, ela dirigiu Harvey Keitel, uma lenda viva do cinema americano, e o menino Cauã Salles, estreando no cinema.

ENTREVISTA

Como você se envolveu com o projeto *Rio, eu te amo*?

Fui procurada por Joshua Skurla, um dos produtores, e achei a ideia ótima. Já tinha estado no Rio uma vez, e, como todo mundo que vem à cidade, me apaixonei. Aceitei e fiquei muito feliz. Como sou libanesa, vejo que há algo muito similar nas nossas personalidades. Talvez seja por isso que existam tantos libaneses morando no Brasil.

Acho que encontram aqui muitas semelhanças na cultura, no jeito de ser. Mesmo tendo passado pouco tempo aqui, acho que entendi o espírito do Rio.

Qual a história de seu segmento e como surgiu?
É sobre um menino que está esperando uma ligação telefônica muito importante. Ele vive na estação de trem, não tem uma casa, família, pelo que entendemos tem um irmão que bate nele de vez em quando... Tem uma vida difícil. Eu atuo no filme com Harvey Keitel, e nós interpretamos a nós mesmos. Estamos no Rio, e em algum momento cruzamos com esse menino e ficamos sabendo que ele está esperando um telefonema importante, que ele acredita vir de Jesus. A ideia do filme veio muito naturalmente. Meu marido, que é também o compositor da música, estava conosco e me ajudou a desenvolver a ideia. Foi algo muito instintivo, não fizemos pesquisa, as ideias vieram da energia que senti quando estive aqui e das pequenas coisas que entendi dos problemas, da cultura, da personalidade do brasileiro. Para mim, esse menino é um resumo de tudo que eu senti. A perspicácia, o charme, a esperteza, a humildade. Ao mesmo tempo ele está muito

exposto à realidade, ele vive a realidade. Queria tentar sintetizar o Brasil nesse menino.

Como chegou ao menino que faz a criança, Cauã Salles?

Estava no Líbano e a produção me mandava o material dos testes. Cauã foi a primeira criança que vi e, assim que o vi, já estava decidido. Quem não se apaixonaria por ele? Cauã é simplesmente mágico. Não foi fácil trabalhar com ele. É uma criança de cinco anos, e naturalmente foi difícil fazer com que ele entendesse o que estávamos fazendo e por quê. Cauã não consegue ficar quieto por mais de 30 segundos! Foi um grande risco, pois ele é muito pequeno e nunca tinha atuado antes, mas ele teve uma preparadora, Kika, e minha assistente de direção, Flávia, que ajudaram muito, e no fim deu tudo certo.

Como foi trabalhar com Harvey Keitel?

Foi incrível trabalhar com ele, não apenas como ator, mas como ser humano. Tão generoso e genuíno. Nunca imaginaria que uma pessoa que conquistou tantas coisas seria tão pé no chão. É claro que no começo estava preocupada, porque nunca havia trabalhado com atores profissionais antes. A maior parte do elenco de meus filmes até agora era formada por atores não profissionais.

Como chegaram à locação, a estação de trem da Leopoldina?

É um lindo lugar. Tenho uma sensação de que é um espaço cheio de história, cheio de vida. A arquitetura é muito bonita. Hesitei um pouco no começo porque é enorme e está vazia, e nós precisaríamos transformar aquilo em um lugar vivo. Mas Daniel Flaksman, o diretor de arte, fez um trabalho excepcional. Não sou brasileira, talvez tenha coisas que vocês vejam e eu não, mas para mim parece completamente crível que aquele lugar esteja funcionando.

LOCAÇÃO

LEOPOLDINA

Arquitetura

A história de "O Milagre" passa-se no *set* de filmagens de uma grande produção estrangeira que está sendo rodada no Brasil. O cenário escolhido foi a antiga Estação Barão de Mauá, conhecida como Estação Leopoldina, que começou a ser construída em 1923, com projeto do arquiteto inglês Robert Prentice – o mesmo que projetou o Palácio da Cidade, em Botafogo, atualmente sede da Prefeitura do Rio de Janeiro.

Seguindo o estilo edwardiano, o projeto original previa 130 metros de fachada principal e quatro pavimentos. Mas a ala esquerda, na fachada frontal, não foi construída, prejudicando a simetria prevista originalmente. O espaço interior do grande salão é coroado por abóbada de fina estrutura metálica.

História

O nome Estação Barão de Mauá foi uma homenagem a Irineu Evangelista de Souza, primeiro visconde e, posteriormente, barão de Mauá, responsável pela construção da primeira ferrovia brasileira. No município do Rio de Janeiro, os trens da Estação Leopoldina circulavam pelos subúrbios de Bonsucesso, Ramos, Olaria, Penha, Brás de Pina, Cordovil, Parada de Lucas, Vigário Geral, bem como no município de Duque de Caxias e outras localidades da

Baixada Fluminense. A construção da estação ferroviária e a existência de portos na região favoreceram a vinda de indústrias para as redondezas. Elas se instalaram nos casarões anteriormente ocupados por pessoas de classe alta, que migraram para outras regiões da cidade, como a zona sul.

Planos de revitalização
O prédio foi inaugurado em novembro de 1926. Desde 2012, encontra-se desativado para embarque de passageiros, sendo usado, entre outras funções, como depósito de carros, vagões e locomotivas, para a realização de eventos. Bem tombado pelo Instituto Estadual do Patrimônio Cultural (Inepac), em 1991, a construção poderá ser transformada em museu e/ ou *shopping center* como estratégia de revitalização do local, a exemplo do que foi feito em São Paulo, na Estação da Luz.

Relíquias
Com as escavações do terreno localizado atrás da antiga Estação Leopoldina para a construção da Linha 4 do metrô, arqueólogos, historiadores e biólogos, sob a supervisão do Instituto do Patrimônio Histórico e Artístico Nacional (Iphan), descobriram relíquias de um enorme sí-

tio arqueológico. Foram localizadas centenas de objetos e fragmentos – a maior parte do século 19, mas também, em menor número, itens dos séculos 17 e 18. O local era uma espécie de lixão da época. Durante as escavações, também foi encontrado o local exato onde funcionou, entre 1853 e 1881, o Matadouro Imperial, local oficial de abate do gado que abastecia a cidade.

REFERÊNCIAS:

Rodriguez, Helio Suêvo. "A Formação das Estradas de Ferro no Rio de Janeiro: o Resgate da sua Memória". Rio de Janeiro: Sociedade de Pesquisa para Memória do Trem, 2004. online: http://books.google.com.br/books?id=1911nxwwTpEC&printsec=frontcover&hl=pt-BR&source=gbs_ge_summary_r&cad=0#v=onepage&q&f=false)

http://www.trilhosdorio.com.br/forum/viewtopic.php?f=87&t=1452

http://www.inepac.rj.gov.br/

http://www.estacoesferroviarias.com.br/efl_rj_petropolis/brmaua.htm

http://www.anpf.com.br/histnostrilhos/historianostrilhos22_maio2004.htm

http://www.revistadehistoria.com.br/secao/em-dia/fora-dos-trilhos

http://oglobo.globo.com/rio/sitio-arqueologico-descoberto-atras-da-antiga-estacao-leopoldina-9942607

http://www.revistadehistoria.com.br/secao/capa/de-volta-aos-trilhos

NOTAS DO *SET*, POR NATHALIA GUINET

Vivi uma experiência maravilhosa ao lado da diretora Nadine Labaki.

Nos primeiros dias de preparação, entrei na Conspiração, em Botafogo, e no terraço estavam fazendo testes de elenco com alguns meninos de 5 a 9 anos.

A história da Nadine mistura um pouco da inocência de um menino pobre diante da religião e fé sobre o pano lúdico do amor que sente pelo futebol brasileiro.

O tema e os filmes anteriores da Nadine me animaram para conhecer o modo como trabalha, tanto em *set* quanto fora dele.

Tive a oportunidade de ter algumas conversas com ela, em momentos mais calmos, conversas em que pude esclarecer algumas perguntas quanto ao trabalho dela, que mistura direção e atuação.

A preparação do filme foi intensa, pois ela tinha apenas alguns dias para definir o ator mirim do filme. Muitos passaram pelo seu crivo. Foram dois dias de teste, de manhã até a noite. Os diálogos e as reações do roteiro eram muito complicados para meninos dessa faixa etária. Mas em algum lugar, ela encontrou a inocência infantil, fundamental para o filme, em 3 meninos diferentes.

Em paralelo aos testes, Nadine saiu com os produtores e o diretor de arte para definir as locações do filme. Após uma visita ao morro da Conceição, morro da Providência e Santa Teresa, e de alguns problemas do ponto de vista da produção, transporte, equipe, filmagem e custos, a Estação Leopoldina parecia ser a melhor opção, resumindo todas as sequências em um só lugar.

Locação fechada, os atores ainda estavam "em aberto". Enquanto os meninos selecionados passavam por inúmeros exercícios de atuação com a preparadora de elenco, Nadine não havia escolhido o ator que contracenaria com ela. Poucos dias antes da filmagem, Harvey Keitel confirmou sua presença no filme, grande surpresa e sem dúvida muita satisfação para Nadine, admiradora de seu trabalho.

Nadine procura nos atores reações quase documentais, talvez esse seja um dos motivos pelos quais sempre interpreta um personagem chave dos filmes que dirige.

Harvey Keitel chegou ao *set* com poucas horas de ensaio e pouco tempo para memorizar as suas falas. A princípio o que parecia fácil – interpretar a si mesmo – exigiu muitos *takes* para chegar ao resultado imaginado pela Nadine. O menino escolhido, Cauã Salles, encaixava-se nos padrões de uma criança entusiasmada e agitada. No primeiro dia a interação dos três atores foi complicada.

O pequeno Cauã brincava agitado, Harvey enfrentava um roteiro não decorado e Nadine se dividia entre a atuação de seu papel e a direção do filme.

Acredito que ver e entender todas as complicações de filmagem me valeram alguns anos de aprendizado. Ao longo de três dias, no meio do corre-corre, pude conversar um pouco com ela e um pouco com a equipe brasileira, do som à imagem, passando pela direção de arte e figurino.

Por sorte, no último dia de filmagem pude ensaiar o papel de terceira assistente de direção, o que foi uma experiência maravilhosa.

Já havia participado da produção de um longa-metragem e feito alguns curtas-metragens na faculdade, mas esse foi excepcional por conta de toda a equipe.

Nadine me recebeu de braços abertos, assim como o fotógrafo da maioria de seus filmes publicitários.

Pude enxergar de longe algumas soluções e propostas interessantes para a execução de um filme.

Aprendi muito e sou muito grata por essa experiência.

Nathalia Guinet, 24 anos, é formada em comunicação/ cinema pela PUC-Rio e diretora do curta "O Mergulho".

TRANSIÇÕES

Diretor: Vicente Amorim
Com Claudia Abreu, Michel Melamed, Marcio Garcia

VICENTE AMORIM

Vicente Amorim nasceu em Viena, na Áustria, em 1966, filho do diplomata Celso Amorim e de Ana Maria Amorim. Ainda jovem veio para o Rio de Janeiro, onde estudou cinema na Universidade Federal Fluminense. Começou a carreira como assistente de direção, trabalhando em algumas grandes produções internacionais realizadas no Brasil como *Luar sobre Parador* (1987), de Paul Mazursky, e *Brincando nos campos do Senhor* (1990), de Hector Babenco.

Seu primeiro longa-metragem foi o documentário *2000 nordestes* (2001), codirigido com David França Mendes, um retrato multifacetado do nordeste brasileiro. Dois anos depois, lançou seu primeiro longa de ficção, *O caminho das nuvens* (2003), um roteiro inspirado em uma história real sobre um homem que viajou com sua família de bicicleta, percorrendo mais de 3,2 mil quilômetros, da Paraíba ao Rio de Janeiro, em busca de trabalho. No elenco, Wagner Moura e Cláudia Abreu; na trilha sonora, canções de Roberto Carlos.

O segundo longa-metragem de Amorim foi uma coprodução internacional falada em inglês, cuja história se passa na Alemanha durante a ascensão do regime nazista. *Um homem bom* (*A Good Man*, 2008), adaptação da peça de C. P. Taylor, traz o ator Viggo Mortensen como John Halder, um professor de literatura e escritor que vê sua carreira prosperar rapidamente depois de publicar um livro sobre a eutanásia. O filme competiu no Festival de Roma e foi eleito um dos dez melhores do ano pela revista *Hollywood Reporter*.

Seu filme seguinte foi rodado no Brasil, mas quase todo falado em japonês. *Corações sujos*, adaptação do livro homônimo de Fernando Morais, conta uma história passada no interior de São Paulo no fim dos anos 1940, quando a grande maioria da colônia japonesa no Brasil se recusava a acreditar na derrota do Japão na Segunda Guerra Mundial. Os poucos imigrantes que aceitavam a verdade foram perseguidos e assassinados.

Entre 2013 e 2014, Vicente Amorim dirigiu vários episódios de duas séries brasileiras feitas para canais de TV a cabo: *Copa Hotel* e *As canalhas*. Em novembro de 2014, lançou seu quinto longa-metragem como diretor, *Irmã Dulce*, cinebiografia da religiosa brasileira indicada ao Prêmio Nobel da Paz.

Em *Rio, eu te amo*, Vicente Amorim responsabilizou-se pela direção das transições entre cada segmento, concebidas com a tarefa de conferir unidade ao filme.

ENTREVISTA

Como você se envolveu com o projeto *Rio, eu te amo*?
Fui chamado pela Conspiração para dirigir as transições de *Rio, eu te amo* no começo de 2013. Como toda franquia, o projeto *Cities of Love* traz algumas diretrizes que precisam ser seguidas, e uma delas é que cada longa-metragem tenha uma coerência interna, algo que ligue

um segmento a outro e faça dele um filme orgânico. No primeiro filme, *Paris, te amo*, as transições chegaram a ser produzidas, mas foram abandonadas, porque o filme tinha 18 segmentos e ficaria longo demais. Em *Nova York, eu te amo*, as transições foram feitas e incluídas no filme. No caso do *Rio, eu te amo*, pude contar com o histórico do que funcionou ou não nas experiências anteriores.

Como foi o planejamento?

O primeiro passo foi uma reunião com os produtores brasileiros e com Emmanuel Benbihy, criador e dono da franquia. Cláudio Torres (cineasta e um dos sócios da Conspiração Filmes) também foi muito importante. Ele me ajudou a traçar o conceito básico das transições. A ideia principal foi a de que o filme é uma grande rede de afetos, e de que seus personagens fazem parte dessa mesma rede. Essa ideia na verdade já está no conceito norteador da franquia, mas tentamos aprofundar, demonstrando que todos os amores são possíveis no Rio de Janeiro. Outro ponto importante foi a unidade temporal, criando a sensação de que os segmentos se passam num mesmo período. Isso foi difícil porque, quando chegaram os roteiros, percebemos que algumas histórias, mesmo curtas, se passavam em três dias ou mais. Mesmo assim, procuramos delimitar um período para mostrar que os personagens dos segmentos estavam vivendo as histórias em momentos próximos.

As transições só foram escritas depois que todos os diretores convidados mandaram seus roteiros finais?

Não. Quando comecei a trabalhar, havia apenas um esboço de roteiro do Guillermo Arriaga, um *story line* do Stephan Elliot e uma ideia do Andrucha Waddington. E não havia qualquer informação sobre os outros seis segmentos. Nesse momento, juntou-se a nós Fellipe Barbosa, que escreveu as cenas das transições. Nosso maior desafio foi estabelecer elementos fortes o suficiente para dar unidade e fluidez aos filmes, mas que se sobrepusessem às histórias e, ao mesmo tempo, pudessem se adaptar às eventuais surpresas que viriam ao longo do caminho.

A transição traz personagens próprios. Como eles foram criados?

Eles nasceram a partir do conceito da rede de afetos, a ideia de que todos os amores são possíveis no Rio, independentemente de idade, sexo ou classe social. Esses amores comunicam-se por meio das personagens que criamos, recorrentes ao longo da história, principalmente a professora de inglês interpretada por Cláudia Abreu e o motorista de táxi vivido por Michel Melamed. Eles são um casal divorciado, com um filho adolescente que tem, ele próprio, sua história de amor ao longo do filme. Acredito que, com esses elementos, criamos as condições necessárias para dar mais camadas aos personagens dos segmentos, na medida em que, em alguns casos, a história dos personagens se prolonga nas transições, permitindo que você conheça aspectos que não são os que já aparecem nos segmentos.

Como foi a logística de produção das transições?

Foi bastante complexa, mas também divertida e prazerosa. Como usamos personagens dos segmentos em situações fora da trama, tivemos a preocupação, é claro, de ter a anuência dos diretores dos segmentos; afinal, eles poderiam interpretar isso como uma interferência nas suas criações. Então, desde o princípio, nos comunicamos por *e-mail* com os diretores, sugerindo situações ou mandando roteiros já prontos. Mas todos os diretores colaboraram muito e tiveram uma compreensão inteligente de como cada transição seria importante para o filme como um todo e, consequentemente, para cada segmento em particular. *Rio, eu te amo* foi uma incrível oportunidade de ter uma troca criativa com um naipe de diretores muito diversificado.

As transições contam com um elenco exclusivo. Como foi a escalação desses atores?

Cláudia Abreu é uma grande parceira e amiga, fez *O caminho das nuvens*, meu primeiro longa-metragem de ficção. Precisávamos de uma atriz com jeito carioca, que falasse inglês, capaz das nuances e modulações que sabíamos que iríamos precisar. Por sorte estava disponível e foi uma grande parceira na construção da personagem da Felícia. A escolha do Michel Melamed também foi nesse sentido. Você olha para o Michel e vê um carioca tomando cerveja num botequim. E a veia poética dele foi muito importante para o projeto também. Tem uma frase que está no filme – "o perfume é uma armadilha no ar" – que é dele.

LOCAÇÕES

As transições de *Rio, eu te amo* foram filmadas em dezenas de locações diferentes, de forma a ampliar a riqueza geográfica e cultural da cidade representada no filme.

Um dos cenários de destaque, por exemplo, foi a região boêmia da Lapa, cuja paisagem é marcada pelo aqueduto da Carioca, considerado a obra arquitetônica de maior porte empreendida no Brasil durante o período colonial. A função do aqueduto era levar água da nascente do rio Carioca, colhida no Silvestre, em Santa Teresa, até o chafariz do largo da Carioca. O aqueduto foi construído no século 18, entre os anos de 1725 e 1744. A partir de 1896, o aqueduto passou a ser utilizado como viaduto para os bondes que ligam o bairro de Santa Teresa ao Centro.

Outra locação de destaque das transições é o teleférico do Complexo do Alemão, uma das primeiras comunidades do Rio a ser alvo do programa de pacificação implementado pelo Governo do Estado, a partir de 2010. O teleférico foi construído como parte do Programa de Aceleração do Crescimento (PAC), realizado pelo governo federal em parceria com o governo do estado, e foi inaugurado em julho de 2011, com o objetivo de facilitar a locomoção de moradores entre as favelas do complexo e a estação de trem de Bonsucesso.

Outros cenários que serviram de locação para as transições de *Rio, eu te amo* foram o bairro da Glória, o Aterro do Flamengo, a praia de Botafogo, a Praia Vermelha, a Lagoa Rodrigo de Freitas, o elevado Paulo de Frontin, o cinema Roxy, em Copacabana, a rua do Mercado, a Pedra do Arpoador, a praia de São Conrado, as ruas do Centro, a Quinta da Boa Vista, o Jóquei Clube, na Gávea, o Mirante Dona Marta e o Alto da Boa Vista.

BOSSANOVAFILMS CONSPIRAÇÃO FILMES EMPYREAN PICTURES RIOFILME e O BOTICÁRIO **apresentam** uma **produção** CONSPIRAÇÃO FILMES **em associação com** EVER SO CLOSE AMÉRICAS FILMS CONSERVANCY **coprodução** RIOFILME WARNER BROS. PICTURES "RIO, EU TE AMO" **estrelando** FERNANDA MONTENEGRO EDUARDO STERBLITCH EMILY MORTIMER BASIL HOFFMAN VINCENT CASSEL MARCIO GARCIA RYAN KWANTEN MARCELO SERRADO BEBEL GILBERTO VANESSA PARADIS JOHN TURTURRO WAGNER MOURA CLEO PIRES CAIO JUNQUEIRA JASON ISAACS LAURA NEIVA LAND VIEIRA TONICO PEREIRA ROBERTA RODRIGUES BRUNA LINZMEYER RODRIGO SANTORO NADINE LABAKI HARVEY KEITEL CLÁUDIA ABREU DÉBORA NASCIMENTO MICHEL MELAMED

montagem VICENTE KUBRUSLY **canção original composta e interpretada por** GILBERTO GIL **música original** CELSO FONSECA **direção de arte** DANIEL FLAKSMAN **figurino** MARCELO PIES **produção de elenco** LAURA ROSENTHAL JODI ANGSTREICH MARIBETH FOX ROSA FERNANDES **mixagem** RODRIGO NORONHA **som** JORGE SALDANHA YAN SALDANHA **supervisão de som** MIRIAM BIDERMAN **supervisão de efeitos visuais** CLAUDIO PERALTA **superv. de pós-produção** MONICA SIQUEIRA **coord. de prod. executiva** MIRELA GIRARDI **line producer** VALERIA AMORIM **produtores associados** ILDA SANTIAGO CLAUDIO LOUREIRO PIERRE ASSÉO LAURENT CONSTANTY **produtores executivos** EMMANUEL BENBIHY OLIVER KWON ELIANA SOÁREZ EDU TIBIRIÇÁ ARIEL ELIA MARCOS TELLECHEA RICARDO RANGEL JOHN LYONS **conceito de franquia cinematográfica criado por** EMMANUEL BENBIHY **baseada em uma ideia de** TRISTAN CARNÉ **roteiros** MAURICIO ZACHARIAS PAOLO SORRENTINO ANTONIO PRATA CHICO MATTOSO STEPHAN ELLIOTT JOHN TURTURRO

GUILLERMO ARRIAGA SANG-SOO IM ELENA SOÁREZ OTAVIO LEONIDIO NADINE LABAKI RODNEY AL HADDAD FELLIPE BARBOSA **produzido por** JOSHUA SKURLA PEDRO BUARQUE DE HOLLANDA DAN KLABIN DENISE GOMES LEONARDO M BARROS **dirigido por** ANDRUCHA WADDINGTON PAOLO SORRENTINO FERNANDO MEIRELLES STEPHAN ELLIOTT JOHN TURTURRO GUILLERMO ARRIAGA SANG-SOO IM CARLOS SALDANHA JOSÉ PADILHA NADINE LABAKI VICENTE AMORIM

Este livro foi diagramado utilizando as fontes N.O-Movement e Times
New Roman e impresso pela Gráfica Vozes, em papel off-set 90 g/m²,
caderno de fotos em papel couché fosco 90 g/m² e capa em papel
cartão supremo 250 g/m².